个人信息保护的法律边界与数字伦理

张　泽　著

中国商业出版社

图书在版编目(CIP)数据

个人信息保护的法律边界与数字伦理 / 张泽著. 北京 ：中国商业出版社，2025. 3. -- ISBN 978-7-5208-3333-2

Ⅰ. D923.74

中国国家版本馆 CIP 数据核字第 2025PE8007 号

责任编辑：管明林

中国商业出版社出版发行

（www.zgsycb.com　100053　北京广安门内报国寺 1 号）

总编室：010－63180647　编辑室：010－83114579

发行部：010－83120835/8286

新华书店经销

天津和萱印刷有限公司印刷

*

787 毫米×1092 毫米　16 开　8.25 印张　143 千字

2025 年 3 月第 1 版　2025 年 3 月第 1 次印刷

定价：45.00 元

* * * *

（如有印装质量问题可更换）

前　言

在数字化时代，信息技术的迅猛发展为人类社会带来了前所未有的机遇与挑战。互联网的普及、智能设备的广泛应用以及大数据的迅速增长，使得对个人信息的收集、存储、分析与传播变得更加便捷。然而，伴随而来的是对个人隐私和信息安全的严重威胁。个人信息保护问题已经成为全球范围内的热点话题，涉及法律、伦理、社会等多个层面。如何在促进技术进步与保护个人隐私之间找到平衡，成为当今社会亟待解决的重要课题。

本书从个人信息保护的基础理论入手，阐述了个人信息处理的法律规制，分析了个人信息泄露与侵权的法律责任，然后论述了数字伦理的基本概念与框架，最后对个人信息保护与数字伦理的交融进行了深入探讨。希望通过本书的介绍，能够为读者提供个人信息保护的法律边界与数字伦理方面的帮助。

在写作过程中，笔者参考了部分相关文献、资料，获益良多，在此谨向其作者表示衷心的感谢。

由于笔者水平有限，部分问题的研究还待进一步深化、细化，书中难免存在不足之处，敬请广大读者批评指正。

张　泽

2025 年 1 月

目　录

第一章　个人信息保护的基础理论

第一节　个人信息的定义与分类

一、个人信息的定义与内涵

（一）定义

个人信息是一个涵盖广泛的概念，其定义在不同的法律和文化背景下会有所不同。在广义上，个人信息包括任何能够识别个人身份的信息，这些信息可以是直接的，如姓名、地址、电话号码等；也可以是间接的，如结合其他信息后能够识别个人身份的数据。这种广义定义在全球范围内被广泛接受，因为它能够充分涵盖各种形式的个人信息，并为法律保护提供广泛的基础。狭义的个人信息则特指那些与个人隐私密切相关的信息，如生物特征、健康状况、财务信息等，这些信息因其敏感性和可能带来的风险而需要更严格的保护。

个人信息还具有动态特性，这意味着同一信息在不同情境和时间下可能具有不同的意义和价值。例如，在某一特定时间，某人的地理位置可能只是普通信息，但在特定情况下，如紧急救援中，它可能具有关键价值。此外，随着技术的进步，信息的动态特性也体现在数据的可变性和可组合性上，这使得信息保护变得更加复杂和具有挑战性。理解个人信息的动态特性有助于更好地制定和实施保护措施，以应对不断变化的风险和需求。

从法律角度来看，个人信息的法律属性尤为重要。个人信息作为法律保护的对象，不仅在隐私权中占据核心地位，还在数据保护法中被明确保护。法律明确规定了个人信息的收集、使用、存储和传输等环节的合规要求，以确保个人信息不被滥用和泄露。法律属性的明确不仅为个人提供了权利保障，也为企业和组织在处理个人信息时提供了操作指南，确保法律合规和道德责任的履行。

（二）内涵

个人信息的内涵不仅包括显而易见的个人身份信息，如姓名、身份证号码、联系方式等，还涵盖了更广泛的个人数据，如生物识别信息、地理位置数据和在线行为记录等。这些信息在不同的社会和文化背景下，其定义和理解可能存在显著差异。例如，在某些国家，个人信息的定义可能仅限于可以直接识别个人身份的数据，而在另一些国家，任何能够间接识别个人的信息也被视为个人信息。这种多维属性要求我们在制定个人信息保护政策时，充分考虑不同文化和法律体系的差异，以确保政策的普适性和有效性。

个人信息在数字经济中具有重要的经济价值。随着信息技术的发展，个人信息已成为一种重要的经济资源，被广泛用于商业决策、市场分析和个性化服务等领域。企业通过收集和分析个人信息，可以更好地了解消费者需求，优化产品和服务。然而，这种经济价值的实现必须以合法合规为前提，确保个人信息的使用不侵害个人隐私权和数据主体的其他合法权益。因此，如何在促进数字经济发展的同时，保障个人信息的合法使用，是当前面临的重要挑战。

在个人信息的伦理考量中，最为关键的是在个人隐私与社会利益之间寻求平衡。个人信息的使用可以带来巨大的社会效益，如提高公共服务效率、改善公共安全等。但同时，过度或不当使用个人信息可能导致隐私侵害和数据滥用。因此，在信息使用过程中，必须严格遵循伦理原则，确保个人信息的使用目的明确、范围适当，并采取必要措施以保护数据主体的权益。

二、个人信息的类型划分

（一）基本信息

基本信息是个人信息保护的核心内容，涵盖了诸如姓名、性别、出生日期、联系方式等能够直接识别个人身份的要素。这些信息在日常生活中无处不在，从社交媒体账户注册到银行开户，都需要提供这些基本信息。其定义的明确性和广泛性，使得在法律框架下对其进行保护显得尤为重要。基本信息不仅是个人身份的标识符，也是个人隐私的基础构成部分。因此，明确基本信息的定义是个人信息保护的首要任务。

在法律层面，基本信息被视为个人信息保护法中的核心数据。其法律属性决定了其在个人信息保护中的重要性。法律通常将基本信息视为敏感信息，因为它们能够直接识别个人身份，进而可能导致隐私泄露、身份盗窃等风险。因此，法律对基本信息的处理设定了严格的要求和限制，以确保在信息收集、处理和存储过程中，个人的基本信息不会被滥用或非法获取。这种法律属性不仅保护了个人的隐私权，也为信息使用者提供了明确的合规指引。

基本信息的收集与使用必须遵循合法性、必要性和透明度的原则。合法性原则要求信息的收集和使用必须符合相关法律法规的规定，并获得个人的明确同意。必要性原则强调信息的收集和使用应限于实现特定目的所必需的范围，不应过度收集。透明度原则要求信息处理者在收集和使用信息时，必须向个人明确告知信息的用途、处理方式以及可能的风险。这些原则不仅是对信息处理者的约束，也是对个人权利的保障。

为确保基本信息的安全，数据存储、传输和处理过程中需采取多层次的保护措施。首先，在数据存储阶段，应使用加密技术来保护信息的机密性，防止未经授权的访问和泄露。其次，在数据传输过程中，采用安全传输协议如HTTPS和VPN，以确保信息在传输中的安全性。此外，数据处理阶段需实施严格的访问控制和权限管理，确保只有经过授权的人员才能访问和处理信息。这些技术手段和安全措施共同构建了基本信息的安全防护体系。

（二）行为信息

行为信息是指在网络和现实生活中，个人产生的各种行为数据。这些数据包括但不限于浏览记录、消费习惯和社交互动等。行为信息的收集和分析为企业和组织提供了深入了解用户行为模式的机会，从而优化产品和服务，提升用户体验。然而，这些信息同时也涉及用户的隐私和数据安全问题，因而需要在法律框架内进行严格的管理和保护。

行为信息的定义广泛涵盖了个人在网络和现实生活中的行为数据。这些数据不仅包括用户在互联网上的浏览记录和搜索历史，还涉及线下的消费习惯和社交互动。随着数字技术的进步，行为信息的收集和分析变得更加复杂和精细。企业利用这些信息进行市场分析和用户画像的构建，以便更好地满足用户需求。然而，这种信息的收集和使用在法律和伦理层面上都面临着巨大挑战，特别是在保护用户隐私和防止数据滥用方面。

行为信息作为个人信息的一部分，其法律属性在数据保护法中得到了明确界定。根据相关法律法规，行为信息应当受到严格的保护和监管。这意味着在收集、存储和使用行为信息时，必须遵循合法、正当和必要的原则。法律要求数据控制者在处理行为信息时，必须获得用户的明确同意，并告知其信息使用的具体目的。同时，行为信息的处理过程应透明化，以便用户能够了解其信息的去向和用途。

在行为信息的收集与使用过程中，合法性、知情同意和目的限制是三大核心原则。合法性要求信息收集和处理必须有法律依据，不能随意进行。知情同意则强调用户在行为信息被收集前，必须被充分告知相关信息的用途和处理方式，并自愿给予同意。目的限制原则规定行为信息的使用必须限于收集时声明的目的，任何超出此范围的使用都需要重新获得用户的同意。这些原则旨在保护用户的隐私权，防止信息被滥用。

行为信息的安全性是个人信息保护中的重要议题。在信息存储、传输和处理过程中，行为信息可能面临多种安全风险，如数据泄露、未经授权的访问和恶意攻击等。为了降低这些风险，必须采取多层次的防护措施。这包括采用加密技术保护数据传输，设置严格的访问控制以限制信息访问权限，以及定期进行安全审计和风险评估。此外，数据控制者还应及时更新和修补系统漏洞，以确保行为信息的安全性和完整性。

（三）生物特征信息

生物特征信息是指通过生物识别技术获取的能够唯一识别个体的生物特征数据。这类信息包括指纹、面部识别、虹膜扫描等，因其独特性和不可替代性，在个人信息保护中占据重要地位。生物特征信息的应用日益广泛，从智能手机的解锁功能到机场的安检系统，其便利性和安全性使其成为现代社会不可或缺的一部分。然而，这些信息的独特性也意味着一旦泄露，可能对个体造成难以逆转的损害。因此，生物特征信息的保护需要更加严格的法律和技术措施。

生物特征信息的定义广泛且具体，涵盖多种能够唯一识别个体的生物特征数据，具有高度的唯一性和不可复制性。指纹识别是最早应用的生物特征技术，广泛用于刑侦和身份验证；面部识别技术则因其非接触性和便捷性，逐渐在公共安全和商业领域得到广泛应用；虹膜扫描则以其更高的精确性和安全性，被应用于高安全性需求的场合。这些技术的共同特征是通过生物特征的唯一性来实现对个体身份的精准识别。

生物特征信息在法律上被视为敏感的个人信息，法律对其保护尤为严格。个人信息保护法通常对生物特征信息的收集、存储、使用和传输设定了更高的要求。例如，许多国家的法律规定，收集生物特征信息必须获得明确的知情同意，并且只能用于特定的合法目的。此外，法律还要求采取适当的技术和组织措施，以防止未经授权的访问和数据泄露。这些法律措施不仅保护了个体的隐私权，也为生物特征信息的合法使用提供了框架。

在生物特征信息的收集与使用中，合法性、知情同意和用途限制是三项基本原则。合法性要求信息的收集和使用必须符合相关法律法规，不能超出法律规定的范围。知情同意是指在收集生物特征信息之前，必须明确告知信息主体收集的目的、范围和使用方式，并获得其明确同意。用途限制要求收集到的生物特征信息只能用于事先说明的特定目的，不能随意扩展或变更用途。这些原则旨在确保信息主体对其生物特征信息的控制权，防止滥用和侵犯隐私。

三、个人信息保护技术

（一）匿名化技术

匿名化技术是指通过系统性地去除或替换数据中的个人识别信息，使得数据无法直接指向特定个体的过程。其核心在于确保数据在使用或共享时不再具备识别个人身份的能力，从而降低隐私泄露的风险。匿名化技术的应用广泛，尤其在大数据分析、市场研究和公共健康领域中，通过消除个人身份标识，数据可以在更大范围内共享和利用，而不侵犯个人隐私。匿名化不仅是技术手段，更是数据处理过程中的一项重要原则，确保在数据利用的同时保护个人隐私。

匿名化技术的实现途径多种多样，主要包括数据脱敏、伪匿名化和聚合数据等方法。数据脱敏通过删除或掩盖敏感信息，使得数据在使用中不暴露个人身份。伪匿名化则是通过替换个人信息为伪造标识符，使得数据在分析时不具备直接识别性。聚合数据技术则通过汇总个体数据形成整体数据，从而避免个体数据暴露。这些方法在保护个人隐私的同时，也保持了数据的可用性，广泛应用于医疗数据共享、市场分析和社会科学研究等领域。然而，在实际应用中，如何平衡隐私保护与数据可用性，仍然是匿名化技术面临的重大挑战。

匿名化技术在法律层面具有重要意义，其在数据保护法规中占据着关键地位。根据许多国家和地区的数据保护法律，匿名化后的数据不再被视为个人信息，从而不受个人数据保护法律的严格约束。这为数据的共享和使用提供了更大的灵活性。然而，匿名化技术的法律地位也带来了新的挑战，即如何确保匿名化处理的有效性和不可逆性，以避免重新识别的风险。法律法规通常要求在实施匿名化技术时，必须采用适当的技术和组织措施，以确保个人信息在匿名化处理后仍然得到有效保护。

匿名化技术在伦理层面同样面临着复杂的考量，特别是在保护隐私与数据可用性之间的平衡问题上。尽管匿名化技术可以有效降低个人隐私泄露的风险，但在处理不当或技术不成熟的情况下，仍可能导致数据重新识别的风险。伦理考量要求在使用匿名化技术时，不仅要关注技术的有效性，还需考虑其对个人权利的影响，以及在数据利用过程中可能产生的社会伦理问题。

（二）去标识化处理

去标识化处理是个人信息保护中一项关键技术手段，其主要目的是通过技术手段去除或替换个人信息，使数据无法直接关联到特定个体。通过去标识化，数据的隐私风险可以大大降低，从而在保护个人隐私的同时，仍然可以利用数据进行分析和研究。去标识化处理通常涉及复杂的技术和算法，需要在实际应用中根据具体的数据类型和使用场景进行定制化设计。这一过程不仅需要考虑如何有效去除个人识别信息，还需要确保数据在去标识化后仍然具备一定的分析价值。

去标识化处理的定义强调通过技术手段去除或替换个人信息，使数据无法直接关联到特定个体。这一过程通常涉及多种技术手段，如数据替换、数据泛化和数据扰动等。数据替换是指将个人信息替换为不具备识别性的符号或代码，数据泛化则是通过降低数据的精细度来减少识别风险，而数据扰动则通过引入随机噪声来模糊数据特征。去标识化处理的核心在于如何在不失去数据分析价值的前提下，最大限度地保护个人隐私。其有效性直接关系到数据使用的安全性和合规性。

去标识化处理的主要方法包括数据替换、数据泛化和数据扰动等。数据替换通过将个人信息替换为不具备识别性的符号或代码来保护隐私，这种方法简单直接，但在某些情况下可能会影响数据的真实性。数据泛化则通过降低数据的精细度来减少识别风险，这种方法在保护隐私的同时也能保留一定的数据分析能力。数据扰动通过引入随机噪声来模糊数据特征，这种方法适用于需要进行统计分析的数据集。每种方法都有其适用的场景和局限，选择合适的方法需要综合考虑数据的特性和使用目的。

去标识化处理在法律上被视为保护个人隐私的有效手段，许多国家和地区的个人信息保护法规中都明确提到去标识化作为数据保护的合规性要求。去标识化处理能够在不影响数据使用价值的情况下，降低个人信息泄露的风险，从而符合法律对数据保护的要求。然而，去标识化处理的法律属性也要求在实施过程中必须遵循一定的标准和规范，以确保其有效性和合法性。这包括对去标识化技术的选择、实施过程的记录，以及去标识化效果的验证等。

去标识化处理在保护隐私与数据分析可用性之间的平衡是一个重要的伦理考量。虽然去标识化技术能够降低个人信息泄露的风险，但如果过度去标识化，可能导致数据分析的有效性下降。因此，在实施去标识化处理时，需要在保护隐私与保持数据分析价值之间找到一个合理的平衡点。这一过程需要结合具体的应用场景，合理选择去标识化技术，并在技术实施过程中确保其合规性。

四、个人信息的生命周期管理

（一）信息收集

信息收集是个人信息生命周期管理的起点。在进行信息收集时，法律依据是确保个人信息保护的基础。在国内外的法律框架下，信息收集必须严格遵循相关法律法规，这不仅是对用户权益的保护，也是企业合规经营的基本要求。具体来说，各国法律通常要求企业在收集个人信息时，必须明确其合法性基础，如用户的同意、合同履行的必要性等。此外，企业还需确保其信息收集活动符合特定行业的规章制度，以避免法律风险。

透明度原则是个人信息收集中的核心要求。收集方在收集信息时，必须向用户清晰地告知其收集目的、方式及使用范围。这种信息透明的做法不仅是法律的要求，更是对用户信任的尊重。通过详细的隐私政策或通知，用户可以了解其信息将如何被使用，并作出知情的决定。这一原则的落实，有助于增强用户对信息处理活动的理解和信任，从而促进企业与用户之间的良性互动。

知情同意机制是个人信息收集过程中保护用户权利的重要手段。用户的同意权是其信息权利的重要组成部分，确保用户在充分知情的基础上作出同意，是实现信息保护的关键。为了确保知情权得到尊重，企业需在信息收集前提供清晰、易懂的说明，并确保用户能够自由选择是否同意信息收集。这种机制不仅保护了用户的自主权，也在法律上为企业的信息收集活动提供了合法性支持。

（二）信息存储

在现代信息社会中，信息存储是个人信息生命周期管理中的关键环节。信息存储不仅涉及数据的物理保存，还涉及如何在法律和伦理的框架下进行管理。法律要求在存储个人信息时，必须确保其安全性和合规性。具体而言，各国法律法规通常规定，存储个人信息的机构须采取适当的安全措施，防止未经授权的访问和信息泄露。这些法律要求不仅保护了个人隐私，也增强了公众对信息处理机构的信任。

从技术角度来看，确保个人信息存储的安全性和完整性需要采用多种技术手段。加密技术是保护信息不被非法获取的基本手段之一，通过将信息转换为只有授权用户才能解读的形式来保障安全。访问控制则是限制信息访问权限的关键措施，确保只有被授权的人员才能接触到敏感信息。此外，数据备份也是不可或缺的技术手段之一，备份不仅可以防止数据丢失，还能在信息被篡改或损坏时进行恢复。因此，技术手段的多样性和综合应用在信息存储中扮演着重要角色。

信息存储的最小化原则是个人信息保护中的一个重要理念。该原则强调在存储个人信息时，只应保留实现特定目的所需的必要信息，避免冗余数据的积累。这不仅有助于降低信息泄露的风险，还能减少存储和管理的成本。通过实施数据最小化原则，机构可以更有效地管理其信息资产，同时也能更好地遵循相关法律法规，减少潜在的法律风险。

（三）信息使用

信息使用在个人信息生命周期管理中占据重要地位。信息使用的合法性原则是确保个人信息在使用过程中符合相关法律法规的核心要求。这一原则强调在使用个人信息时，必须明确其使用目的，并确保该目的具有法律依据。通过遵循合法性原则，信息使用方不仅能保障个人信息的合规使用，还能在法律框架内进行合理的业务操作。这一原则的实施需要信息使用方具备良好的法律意识和合规能力，以避免任何可能的法律风险。

信息使用的透明度要求是现代数字伦理的重要组成部分。透明度要求信息收集方必须向用户清晰地告知其个人信息的使用方式，包括使用的具体范围和目的。这不仅是对用户知情权的尊重，也是建立信任关系的基础。通过提高信息使用的透明度，用户能够更好地理解其信息被使用的情境，并在必要时行使其信息保护权利。这种透明度的实现需要信息管理者在技术和沟通上做出相应的努力，以确保信息传递的清晰和准确。

信息使用的目的限制原则在个人信息保护中起到关键作用。根据这一原则，信息使用方应严格遵循事先声明的使用目的，避免将信息用于未获用户同意的其他用途。这一原则的实施不仅有助于维护用户的信任，还能防止信息滥用带来的潜在法律和伦理问题。目的限制原则要求信息使用方在信息处理过程中保持高度的自律，并建立相应的审核和监督机制，以确保信息使用的合规性和正当性。

信息使用的安全性措施是保护个人信息免受滥用或泄露的重要手段。在信息使用过程中，采取有效的技术手段和管理措施是确保信息安全的关键。这包括加密技术的应用、访问控制的严格管理以及定期的安全审计等措施。这些措施不仅能有效防止信息泄露，还能在信息被滥用时提供追溯和纠正的机制。信息使用方需要不断更新和完善其安全措施，以应对不断变化的安全威胁和技术挑战。

（四）信息销毁

信息销毁是个人信息生命周期管理中的重要环节，旨在确保不再需要的数据被彻底清除，以防止未经授权的访问或数据泄露。在信息技术飞速发展的背景下，信息销毁不仅涉及技术手段，更关乎法律、伦理和合规性的问题。有效的信息销毁是保护个人隐私、防止数据泄露的关键步骤，尤其在数字时代，信息的再生和复制变得异常容易。因此，信息销毁的实施需要严格遵循相关的法律法规，确保其合规性和合法性。

在信息销毁过程中，法律要求是确保信息处理合规性的基石。各国在数据保护立法中通常明确规定了销毁个人信息的原则和要求。例如，欧盟的《通用数据保护条例》和《中华人民共和国个人信息保护法》都对信息销毁提出了具体要求，确保信息在不再需要时被安全处理。法律要求不仅涉及销毁的时机和方法，还包括对数据控制者和处理者的责任界定，以防止因不当处理导致的法律风险和隐私侵害。遵循法律要求能够有效地降低法律风险，保障信息处理的合法性。

信息销毁的方法与技术是实现彻底销毁的关键。常见的销毁技术包括数据擦除和物理销毁。数据擦除通过覆盖、加密等技术手段确保数据不可恢复，而物理销毁则通过粉碎、焚烧等方式彻底破坏存储介质。选择合适的销毁技术需要考虑信息的重要性、存储介质的类型以及销毁的成本和效率。技术的不断进步也为信息销毁提供了更多的解决方案，确保信息一旦销毁便无法恢复，是实现信息安全的最后一道防线。

信息销毁的责任主体通常包括数据控制者和数据处理者，他们在信息销毁过程中承担着不同的责任与义务。数据控制者负责决定信息的销毁时机和方式，并确保销毁的合法性和合规性。数据处理者则在控制者的指导下实施具体的销毁操作，确保操作的准确性和安全性。明确各方的责任不仅有助于提升信息销毁的效率和安全性，还能有效防范因责任不清导致的安全事件和法律纠纷。

信息销毁的记录与审计是确保销毁过程透明性和可追溯性的关键措施。在信息销毁的每个环节，详细的记录能够为后续的审计和合规检查提供依据，确保销毁操作的规范性。记录内容通常包括销毁的时间、方法、责任人以及销毁结果等。通过定期的审计，可以及时发现和纠正销毁过程中的问题，确保信息销毁的合规性和安全性。

第二节　个人信息保护的基本原则

一、合法、正当、透明度原则

（一）合法性要求

个人信息保护的合法性要求是个人信息保护法律体系的基石。个人信息的收集和处理活动必须严格遵循相关法律法规，这不仅是对法律的尊重，也是对用户权益的保护。合法性要求意味着所有的数据处理活动都需要具有明确的法律依据，确保在法律框架内进行操作。法律依据的存在可以为数据处理者提供合法的操作空间，同时也为用户提供了一种信任机制，确保其信息不会被滥用或非法使用。

在个人信息收集过程中，透明度是合法性要求的核心组成部分。数据收集者有责任明确告知用户其信息的收集目的、使用范围及处理方式。这一过程不仅是对用户知情权的尊重，更是对用户信任的维护。通过清晰的信息披露，用户可以更好地理解其个人信息的流向和用途，从而增强对信息处理者的信任。此外，透明度还要求信息处理者在数据处理过程中保持开放和诚实，及时向用户通报任何可能影响其信息安全的事件。

用户的知情同意是合法性要求中不可或缺的一部分。在收集和处理个人信息时，必须获得用户的知情同意，这一过程确保了用户对其信息的控制权。知情同意要求信息处理者在收集数据之前，提供清晰、易懂的信息，让用户充分了解其信息将如何被使用，并在此基础上作出自主的决定。用户同意的获得不仅是法律的要求，也是对用户自主权的尊重，确保其在信息处理过程中始终处于主动地位。

个人信息的使用应严格限于收集时声明的目的，避免将信息用于其他未获同意的用途。这一要求确保了数据处理的正当性和用户权益的保护。目的限制原则要求信息处理者在使用个人信息时，必须严格遵循最初的声明目的，未经用户同意，不得将信息用于其他目的。这不仅是对用户信任的维护，也是对信息处理者责任的强调，确保其在信息使用过程中不偏离合法和正当的轨道。

（二）正当性标准

正当性标准在个人信息保护中扮演着至关重要的角色。这一标准要求所有个人信息处理活动必须基于合法的目的，并确保信息的收集与使用符合社会公认的道德规范。这意味着信息处理者在设计和实施信息处理流程时，必须明确其合法性基础，确保不偏离法律框架。正当性标准不仅是法律的要求，更是信息处理者在伦理和社会责任上的体现，它确保了信息处理活动的透明度和可追溯性，使得信息主体能够理解和信任信息处理过程。

在处理个人信息的过程中，必须充分考虑信息主体的基本权利，尤其是在涉及敏感信息时，确保不侵犯个人的隐私和尊严。正当性标准强调信息处理者在任何情况下都不应以牺牲个人权利为代价来追求经济利益或技术创新。信息主体的权利包括知情权、访问权和纠正权等，这些权利的保障是信息处理活动正当性的核心内容。特别是在跨境数据传输和国际合作的背景下，正当性标准要求信息处理者严格遵守相关法律法规，保障信息主体的权利不受地域限制。

正当性标准还强调信息处理者应具备合理的商业目的，确保个人信息的使用与其收集目的相一致，避免不当利益获取。这意味着信息处理者在收集个人信息时，必须明确告知信息主体信息的具体用途，并在使用过程中严格遵循既定目的。任何超出原定目的的使用都需要重新获得信息主体的同意，确保信息主体对其个人信息的使用有充分的知情权和控制权。合理的商业目的不仅是法律的要求，也是企业社会责任的重要体现。

（三）透明度保障

透明度保障是个人信息保护中的关键要素。收集个人信息时，信息处理方必须明确告知用户信息的收集目的、使用范围和处理方式。这一要求不仅是法律的规定，更是数字伦理的核心，确保用户能够清晰地了解其信息将如何被使用，进而作出知情的选择。这种明确告知的做法，不仅增强了用户的信任，也为信息处理方建立了良好的声誉和社会责任感。通过这种透明的沟通，信息处理方能够有效减少误解和潜在的法律纠纷，从而在信息保护的法律边界内，促进信息的合法流动和使用。

信息处理方需定期更新隐私政策，并通过易于理解的方式向用户传达任何变更，以确保透明度不因政策变动而降低。这种做法不仅是对用户知情权的尊重，也是在快速变化的信息技术环境中，维护用户信任的必要措施。隐私政策的更新，必须以用户易于理解的语言进行，避免使用复杂的法律术语，使得用户能够轻松获取重要信息。通过这种方式，信息处理方不仅履行了法律义务，也体现了对用户的尊重和关怀，进而在信息保护的伦理框架内，建立起更为稳固的用户关系。

在信息收集过程中，信息处理方应提供简便的渠道让用户提出疑问或反馈，确保用户在信息处理过程中的参与感和知情权。这种机制的建立，有助于增强用户对信息处理活动的信任感，同时也为信息处理方提供了改进服务的机会。通过用户的反馈，信息处理方可以及时调整其信息处理策略，以便更好地满足用户的需求和期望。这种双向沟通的模式，不仅提高了信息处理的透明度，也为信息保护的法律与伦理边界提供了实践支持。

信息处理方应主动披露其数据处理活动的具体情况，包括数据存储位置、存储时间和处理方式，以增强用户对信息安全的信任。这种主动披露的做法，不仅符合信息保护的基本原则，也是在数字伦理中建立信任关系的重要步骤。通过详细的信息披露，用户能够更好地理解其个人信息的生命周期，进而增强对信息处理方的信任。这种透明度的提升，不仅有助于信息处理方在竞争中脱颖而出，也为信息保护的法律合规提供了有力的支持。

在用户请求时，信息处理方必须及时提供用户个人信息的访问权，并告知用户其数据的使用情况，确保用户能够随时掌握自己的信息状态。这一措施不仅是法律的要求，也是信息伦理的体现。通过及时的响应和清晰的信息传达，用户能够更好地了解其信息的使用状况，从而增强对信息处理活动的控制感。

二、目的明确性原则

(一) 数据收集目的

数据收集目的在个人信息保护中扮演着至关重要的角色。确保数据收集目的的合法性是基本要求，这意味着任何信息的收集都必须在法律法规的框架内进行，以避免侵犯用户的合法权益。在国内外比较中，不同国家和地区对数据收集的合法性有着严格的规定，目的在于维护用户的隐私权和信息安全。通过遵循这些法律要求，企业和组织能够在保护用户权益的同时，减少因非法数据处理而引发的法律风险。

数据收集目的的明确性同样是个人信息保护的核心要素。信息收集方有责任在收集信息时清晰地告知用户其具体的收集目的。这种明确性不仅能帮助用户理解其信息将如何被使用，还能增强用户对信息处理活动的信任感。在历史背景下，信息的不透明曾导致用户对数据处理的担忧和抵触。因此，确保数据收集目的的明确性是提升用户参与度和信任度的关键措施。

数据收集目的的必要性原则强调，仅收集为实现特定目标所必需的信息。这一原则旨在避免因过度收集而产生的隐私风险。历史演进表明，随着信息技术的发展，信息收集的能力大幅提升，但这也带来了信息滥用的可能性。因此，在信息收集过程中，必须严格遵循必要性原则，以确保用户隐私不被过度侵害。

数据收集目的的适当性要求收集的信息应与业务需求相符。这意味着信息处理活动必须具备合理性和正当性，以防止信息的误用或滥用。在国内外差异的考量中，不同地区对适当性的定义可能存在差异，但其核心目标一致，即确保信息收集与使用的正当性和合理性。

数据收集目的的透明度是信息保护的关键环节。在信息收集过程中，提供用户反馈渠道是必不可少的。这不仅让用户能够随时了解其信息的使用情况，还能增强用户对信息处理活动的控制感。通过建立透明的沟通机制，组织可以有效地减少用户对信息处理的不安和疑虑，提升用户对信息保护的信任度。

(二) 目的变更限制

在信息社会中，个人信息的处理活动不断增加，目的变更限制成为个人信息保护中的重要议题。目的变更限制是指在收集个人信息后，任何使用目的的变更都必须遵循相关法律法规，确保其合法性和合规性。法律的约束力在于防止信息处理方随意更改信息使用目的，从而保护个人信息主体的合法权益。这一原则不仅是法律的要求，也是数字伦理的重要体现，涉及信息处理方对用户权利的尊重与保护。

目的变更的法律限制要求信息处理方在变更信息使用目的时，必须遵循现行法律法规的相关规定。这意味着，任何目的的变更都需要经过严格的法律审查，以确保其符合国家和地区的法律框架。通过这样的法律限制，信息处理方能够避免因目的变更而产生的法律风险，同时也能够在法律允许的范围内进行信息处理活动。法律限制不仅保障了信息处理的合法性，也为用户提供了更高的安全感和信任度。

目的变更的用户知情权是个人信息保护的核心内容之一。当信息使用目的发生变化时，信息处理方有责任及时通知用户，并获得用户的知情同意。这一过程不仅是对用户权利的尊重，也是增强用户对信息处理方信任的重要手段。通过透明的沟通，用户能够了解其个人信息使用的具体情况，并根据自身意愿决定是否继续授权信息处理方使用其个人信息。这种知情权的保障，体现了信息处理方在数字伦理上的责任和义务。

目的变更的透明性原则强调信息处理方在变更信息使用目的时，应清晰、准确地告知用户变更的具体内容及原因。透明性原则不仅是法律的要求，更是建立用户信任的基础。信息处理方通过透明的沟通，能够有效地减少用户对信息使用的不确定性和疑虑，从而增强用户对信息处理方的信任感。透明性原则在信息处理活动中扮演着重要角色，是实现信息处理方与用户之间良性互动的桥梁。

目的变更的必要性评估是指在变更信息使用目的时，信息处理方需进行合理性和必要性的评估，以确保新目的与原目的之间的关联性和正当性。通过必要性评估，信息处理方能够判断变更目的是否真正需要，并避免不必要的信息处理。这一评估过程不仅有助于信息处理方在法律框架内进行信息活动，也为用户提供了更高的安全保障。必要性评估在信息处理活动中具有重要的指导意义。

（三）目的与使用一致性

目的与使用一致性在个人信息保护中扮演着至关重要的角色。它要求信息的使用严格遵循最初声明的目的，以维护合规性和合法性。这一原则不仅是法律的要求，也是数字伦理的重要体现。在全球信息化发展的背景下，各国法律对目的与使用一致性提出了严格的规定。通过确保信息使用不偏离原始目的，能够有效防止数据滥用和侵犯个人隐私的行为。目的与使用一致性原则不仅保护了用户的权益，也为信息处理方提供了明确的法律框架，帮助其在信息处理过程中避免法律风险。

目的与使用一致性的法律要求是个人信息保护的重要组成部分。法律强调信息处理方在收集个人信息后，必须确保信息的使用与最初声明的目的相符。这种法律要求的存在是为了确保数据处理的合规性和合法性，防止信息被用于未经授权的用途。法律还规定，信息处理方在使用数据时，必须遵循透明原则，向用户明确告知数据的使用方式。这不仅增强了用户对数据处理的信任，也为信息处理方提供了合法使用数据的依据。

透明度是目的与使用一致性原则的核心要素。信息处理方在收集个人信息时，必须向用户明确告知数据将如何使用。这种透明度要求不仅是法律的规定，也是提升用户信任度的关键措施。通过清晰的告知，用户能够更好地了解其个人信息的使用情况，从而增强对信息处理方的信任。同时，这种透明度也为信息处理方建立了良好的信誉和形象，有助于其在竞争激烈的市场中获得用户的认可和支持。

为了确保目的与使用一致性，建议信息处理方建立内部审查和监督机制。这些机制的存在可以有效监测信息使用是否与收集目的相符，防止数据滥用或不当使用。通过定期的内部审查，信息处理方可以及时发现并纠正使用过程中的偏差。此外，监督机制还可以为信息处理方提供一个反馈渠道，帮助其不断完善信息处理流程，确保合规性和合法性。

三、数据最小化原则

（一）必要性评估

在个人信息保护领域，必要性评估是确保数据最小化原则得以实施的关键步骤。必要性评估的定义强调，在收集个人信息之前，必须对其实现特定目的的必要程度进行分析。此举旨在避免收集多余的信息，从而降低隐私风险。这一评估过程需要深刻理解信息收集的目的，并严格限制在实现该目的所需的最小信息范围内。通过仔细的必要性评估，组织可以有效减少数据冗余，提高信息管理效率，并在数据保护合规性上取得更好成绩。

必要性评估不仅是技术层面的问题，还涉及对信息主体基本权利的深刻理解。在评估过程中，必须充分考虑信息主体的隐私和尊严，确保不因信息收集而对其基本权利造成侵害。这意味着，评估需要在法律和伦理框架下进行，兼顾信息主体的知情权和同意权。通过这种方式，组织能够在信息收集过程中保持透明度，并赢得用户的信任。此外，这种对基本权利的关注还可以帮助组织在全球范围内适应不同法律环境下的个人信息保护要求。

为了确保必要性评估的系统性和一致性，建议制定标准化的实施流程。该流程应包括明确的步骤和标准，以帮助评估人员在不同情境下作出一致的判断。通过标准化流程，组织能够在不同部门和项目中统一评估标准，减少因个人判断差异导致的信息保护漏洞。此外，标准化流程还可以作为培训新员工和提升现有员工信息保护能力的重要工具，确保所有相关人员都能有效执行必要性评估。

必要性评估的结果应形成详细的文档记录，以便后续审查和合规检查。这不仅有助于提高信息收集的透明性和可追溯性，还为组织在面对监管机构或客户质疑时提供有力的证据支持。记录的文档应包括评估的目的、方法、结果及其对信息收集决策的影响。这种文档化的评估过程不仅能增强组织的合规能力，还能促进内部沟通和协调，确保各部门在信息收集和使用上的一致性。

随着业务需求和法律法规的不断变化，必要性评估应定期进行更新，以确保信息收集的必要性持续符合最新要求。这一动态更新过程需要组织保持对外部环境变化的敏感性，并及时调整其信息收集策略。通过定期更新评估，组织能够在快速变化的市场和法律环境中保持竞争力，同时避免因法律合规性不足而导致的潜在风险。

（二）数据收集限制

数据收集限制是个人信息保护中至关重要的一环，其法律依据在于多项国际和国内法律法规。这些法律明确规定了个人信息收集的限制性要求，旨在确保用户隐私权的保护。在国内，《中华人民共和国个人信息保护法》及《中华人民共和国网络安全法》等法律对信息收集的合法性、必要性和合理性提出了严格的要求。国际上，欧盟《通用数据保护条例》也同样强调数据收集的合规性，要求企业在收集用户信息时必须遵循透明化和合法性原则。这些法律法规的存在不仅规范了信息收集的行为，更是对用户隐私权的一种保障。

数据收集限制的适用范围是确保其有效性的重要因素。明确在何种情况下可收集个人信息，可以有效避免不必要的侵扰和信息滥用。通常情况下，信息收集应限于为实现特定目的所必需的范围内，如履行合同、法律义务或经用户同意的情况下。此外，在公共利益或合法权益受到威胁时，信息收集也可能被认为是合理的。然而，这些例外情况必须经过严格审核，以确保其合法性和合理性，从而避免对个人隐私的过度侵害。

为了确保数据收集限制的有效实施，企业需要建立完善的内部流程。这些流程应包括数据收集的审批机制、风险评估和定期审查，以确保信息收集符合数据最小化原则。企业还应培训员工，增强他们对信息保护的意识和技能的提升，确保在日常操作中严格遵循相关政策和流程。此外，技术手段的使用，如数据加密和匿名化处理，也是减少信息泄露风险的重要措施，帮助企业在保护用户隐私的同时，合法合规地进行数据处理。

用户权利在数据收集限制中扮演着重要角色。用户有权对其个人信息的收集情况进行质疑和拒绝，这不仅是对其隐私权的尊重，也是对其自主选择权的保障。企业在收集信息前，必须明确告知用户信息收集的目的、范围和使用方式，并获得其明确同意。同时，用户应享有访问、更正和删除其个人信息的权利，以确保其能够有效管理和控制自己的信息。这种权利的赋予，有助于增强用户对信息处理活动的信任和参与度。

（三）数据处理优化

数据处理优化是个人信息保护的基本原则，其核心在于通过合理的流程和技术手段，确保数据处理的效率和安全性。数据处理流程的标准化至关重要，明确的操作规范和责任分配不仅提高了效率，也增强了透明度。在标准化流程的指导下，每个环节的操作都能有据可循，责任明确，这样的规范化管理可以有效降低人为错误的发生。同时，标准化的流程也为后续的优化和改进提供了基础，使得数据处理能够在一个可控的框架内进行。

在数据处理优化中，数据处理技术的持续更新是不可或缺的。采用最新的技术手段能够显著提升数据处理的安全性和准确性。随着科技的不断发展，数据处理技术也在不断演进，新的加密技术、匿名化技术等为数据处理提供了更高的安全保障。通过引入先进的技术手段，数据处理过程能够更好地抵御潜在的安全威胁，确保个人信息不被非法访问或泄露，同时也能够提高数据处理的效率和准确性，满足日益增长的业务需求。

数据处理人员的专业培训是数据处理优化的另一重要方面。增强数据处理团队的专业能力和伦理意识，确保处理过程符合法律法规和道德标准，是每一个组织在数据处理过程中必须重视的环节。通过定期的专业培训，数据处理人员能够及时了解最新的法律法规和技术动态，提升自身的专业水平和道德判断能力，从而在实际操作中更好地保护个人信息的安全和隐私，避免因不当操作而导致的法律风险。

数据处理结果的定期评估也是优化过程中的关键环节。建立反馈机制，对数据处理效果进行分析和优化，确保其持续符合业务需求，是实现数据处理优化的有效途径。通过定期评估，组织能够及时发现数据处理过程中的不足之处，并进行相应的调整和改进。这种持续的评估和反馈机制不仅有助于提高数据处理的效率和质量，也能够确保数据处理始终与业务目标保持一致，满足不断变化的市场需求。

第三节　个人信息权的法律属性

一、个人信息权的概念与内涵

（一）个人信息权的定义

个人信息权的定义涉及个人对其信息的自主控制权，这包括获取、修改、删除及限制使用的权利。这一权利的核心在于赋予个人对其信息的主导地位，使其能够在信息处理过程中拥有主动权。个人信息权不仅是一种法律概念，更是对个体隐私的基本保障。在信息化社会中，个人信息的保护已经成为一个全球性话题，各国在立法上也逐渐趋于一致，以确保个人信息在全球范围内得到有效保护。

个人信息权强调用户在信息处理过程中的知情权，要求信息处理方在收集和使用信息时提供充分的透明度。这种透明度不仅是对用户知情权的尊重，更是对信息处理过程的合法性和正当性的保障。在实践中，这意味着企业和组织在收集用户信息时，必须明确告知用户信息的用途、保存期限以及可能的共享对象。通过这种方式，用户能够更好地理解和管理自身的信息，减少信息被滥用的风险。

个人信息权体现了个人隐私的保护，旨在防止个人信息被滥用或非法获取，维护个体的尊严与自由。隐私权作为一项基本人权，已经被国际社会广泛认可和接受。个人信息权作为隐私权的延伸，进一步细化了隐私保护的内容和范围。通过法律的保护，个人信息权为每一个个体提供了一道防线，抵御来自各方的非法侵扰和不当利用，确保个人信息在合法的框架内被使用。

个人信息权的法律属性使其成为法律保护的对象，涉及数据保护法规和隐私权法的适用与执行。法律的介入为个人信息权的实现提供了制度保障，确保信息处理活动在法律框架内进行。各国的数据保护法和隐私权法通过明确的法律条款和惩罚措施，规范了信息处理的标准和程序，确保个人信息权不被侵犯。这种法律保护不仅为个人提供了救济途径，也为信息处理者设定了行为准则。

个人信息权的实现依赖技术手段与管理措施的结合，确保信息在存储、传输和处理过程中的安全性与合规性。随着技术的不断进步，信息保护的手段也在不断更新。加密技术、访问控制、数据脱敏等技术措施成为保护个人信息的重要工具。同时，管理措施如信息安全管理体系的建立，也为个人信息权的实现提供了制度保障。通过技术与管理的双重保障，个人信息权的保护才能真正得以实现。

（二）个人信息权的内涵

个人信息权的内涵是现代社会中个人信息保护的核心内容，反映了在数字化时代保护个人隐私的必要性。个人信息权不仅是对个人信息的基本控制权利，更是保障个人在信息社会中主体地位的法律基础。它包括对个人信息的访问权，这意味着用户有权请求查看其个人信息的具体内容及处理方式。这一权利确保了信息处理的透明度，使用户能够了解哪些信息被收集、如何被使用以及与谁共享。通过访问权，用户能够有效监督其信息的使用情况，防止信息被滥用或误用。

个人信息权还赋予用户修改权，这是确保信息准确性的重要途径。用户在发现其个人信息存在错误或不准确时，有权要求信息处理方进行更正。这项权利不仅维护了用户的利益，也提高了数据处理的质量和可靠性。修改权的存在促使信息处理者在收集和处理信息时更加谨慎，减少因信息错误导致的潜在损害。此外，修改权还为用户提供了纠正信息的渠道，这在避免信息误导和错误决策方面具有重要意义。

删除权是个人信息权的另一重要组成部分，用户有权要求信息处理方删除其个人信息，特别是在信息不再必要或用户撤回同意的情况下。这一权利体现了用户对其个人信息的控制，也反映了信息处理者在数据生命周期管理中的责任。删除权的实施不仅有助于减轻信息存储的负担，还能防止信息的滥用和不当传播。在数据保护法律中，删除权为用户提供了一个强有力的工具，以应对信息泄露和隐私侵犯的风险。

限制使用权是个人信息权中保护隐私的重要手段。用户可以限制其个人信息的某些使用方式，以防止个人信息被滥用或用于未经授权的目的。限制使用权的存在使用户在数字环境中拥有更大的选择权和控制权，能够根据自身的隐私需求和风险评估，决定信息的使用方式。这种权利的行使不仅维护了用户的隐私，还促使信息处理者在使用信息时更加审慎，遵循合法、正当和必要的原则。

二、个人信息权的法律特征

（一）法律属性

个人信息权的法律属性是现代法律体系中一个重要的组成部分，它强调个人对自身信息的控制权。这种控制权不仅包括访问、修改和删除个人信息的权利，还涉及对信息流动的全面管理。这一属性的核心在于赋予信息主体以自主权，使其能够在信息处理过程中保持对个人数据的主动权。国内外比较显示，不同国家和地区在法律上对个人信息权的定义和保护程度各有不同，但都在逐步趋同于强调个人对信息的控制。

个人信息权作为法律保护的对象，要求信息处理方在收集和使用数据时提供充分的透明度与告知义务。这意味着信息主体在其个人数据被处理之前，必须被明确告知数据的用途、处理方式以及可能涉及的第三方。这种透明度的要求是为了确保信息主体能够在知情的情况下做出决策，进而保护其合法权益。这一原则在全球范围内的实施情况各异，但其重要性在各国的法律框架中逐渐得到认可。

个人信息权的实现依赖法律法规的框架，确保信息处理活动的合规性与合法性。法律法规不仅为个人信息权的行使提供了基础，还为信息处理者设定了明确的行为规范。这种法律框架通常包括数据保护法规、隐私权法等多种法律机制的结合，形成一个全面的法律保障体系。通过这些法律手段，信息主体的权利得以在法律层面上得到有效的保护，确保数据处理活动的每一个环节都符合法律的要求。

个人信息权的法律特征包括对信息主体基本权利的尊重，强调不侵犯个人隐私与尊严的原则。这一特征要求信息处理者在进行数据操作时，必须以尊重信息主体的基本权利为前提，确保不对个人隐私造成不当干扰。这种尊重不仅体现在法律条文中，更需要在实际操作中得到切实的执行。尊重个人隐私和尊严是信息社会中保护个人信息权的核心原则之一，也是法律体系中不可或缺的组成部分。

（二）权利主体

在现代数字社会中，个人信息权的主体是每一个自然人。这一权利强调了个体在数字环境中对自身信息的所有权和控制权。自然人作为权利主体，不仅拥有对其个人信息的知情权、访问权和更正权，还享有对信息处理的限制权和删除权。这种权利的设定，旨在确保个人在面对复杂的数据处理活动时，能够有效地维护自身的隐私和信息安全。随着信息技术的迅速发展，个人信息权的主体地位愈发重要，成为法律保护的核心目标之一。

组织和企业作为个人信息的处理者，承担着重要的法律责任。它们必须严格遵循数据保护法规，确保在信息收集、存储、使用和传输过程中维护用户隐私。这不仅是法律的要求，也是企业社会责任的重要体现。企业在处理个人信息时，需建立健全数据保护机制，实施严格的权限管理和数据加密措施，以防止信息泄露和滥用。此外，企业还应积极回应用户的隐私关切，提供透明的隐私政策和明确的投诉渠道，确保用户的个人信息权得到切实的保障。

未成年人在个人信息权的行使中具有特殊性，需由法定监护人代为行使。法律对此类主体的信息权利保护尤为重视，以防止未成年人因缺乏判断能力而遭受信息侵害。监护人在此过程中，须密切关注未成年人的信息使用情况，确保其权益得到充分保护。同时，相关法律法规也要求信息处理者在涉及未成年人的信息时，采取更为严格的保护措施，避免因信息处理不当而引发的法律责任和社会问题。

个人信息权的行使主体还包括特定群体，如消费者、员工等，他们依据不同的法律框架享有不同的权利。消费者在与企业互动的过程中，享有对自身信息的知情权和选择权，而员工在工作场所中则享有隐私权和信息保护权。不同群体的权利行使，体现了信息权利的多样性和复杂性。法律在制定相关条款时，须充分考虑不同主体的需求和特性，以实现对个人信息权的全面保护。

（三）权利客体

个人信息权的客体是指在法律上受到保护的具体信息类型。这些信息类型是个人信息权的核心，直接关系到个体的识别和隐私保护。个人信息权的客体包括用户的基本身份信息，如姓名、地址、联系方式等。这些信息在识别个体时起到关键作用，尤其是在数字化时代，基本身份信息是网络身份的基础。法律对这些信息的保护不仅是为了防止身份盗用，还在于维护个体的尊严和隐私。

个人信息权的客体还涉及用户的行为数据。这些数据涵盖用户在网络和现实生活中的活动记录，如浏览历史、消费习惯等。行为数据的收集和分析能够揭示个体的偏好和习惯，因此在商业和数据分析中具有极高的价值。然而，这也带来了隐私泄露的风险，因此法律必须对这些数据的收集和使用进行严格规范，以平衡商业利益和个人隐私的保护。

生物特征信息是个人信息权的另一个重要客体，涉及指纹、面部识别等独特的生物数据。由于这些数据具有高度的唯一性和安全性，它们在身份验证和安全系统中被广泛应用。然而，生物特征信息的泄露可能导致严重的安全问题，因为一旦泄露，无法像密码一样简单更改。因此，法律对生物特征信息的保护需要特别严格，确保其在采集、存储和使用过程中的安全性。

个人信息权的客体还包括用户的财务信息，如银行账户、信用卡信息等。这些数据在经济交易中具有重要价值，不仅涉及个人的经济利益，还关系到金融系统的安全与稳定。由于财务信息的敏感性，法律对其保护尤为严格，要求金融机构和相关企业在数据处理过程中采取高水平的安全措施，以防止信息泄露和欺诈行为的发生。

用户的健康信息也是个人信息权的重要客体，涉及医疗记录、健康状况等。这些信息对个体的隐私保护和医疗决策具有重要意义。健康信息的泄露可能导致歧视和隐私侵犯，因此法律在保护健康信息时，强调信息的保密性和使用的合法性，确保这些信息仅在必要的医疗和健康管理场景中使用。

三、个人信息权与隐私权的关系

（一）权利交叉

个人信息权与隐私权在现代法律体系中常常交叉，这种交叉源于两者在保护个人权益方面的共同目标。然而，尽管它们在某些方面有所重叠，但其法律属性和保护重点存在显著差异。个人信息权主要集中在信息的收集、使用和处理过程中的透明度和控制权，强调信息主体对其个人数据的知情权和决定权。而隐私权则更注重保护个体的私人生活不受外界干扰，关心的是个体的生活空间、通信自由及私人事务的保密性。因此，虽然两者在保护个人权利方面有交集，但在具体应用中，其法律侧重点和适用范围却各有不同。

个人信息权的行使必须在隐私权的框架下进行，以确保不侵犯他人的合法权益。这种法律架构要求在处理个人信息时，必须充分考虑隐私权的保障，尤其是在信息共享和数据交易的背景下。个人信息权赋予个体对其数据的控制权，但这种权利的行使不能以牺牲他人的隐私为代价。因此，在法律实践中，如何平衡个人信息权与隐私权成为一项重要的挑战，需要通过立法和司法解释来明确界限和适用原则。

隐私权的保护侧重于个体的私人生活，而个人信息权则关注信息收集、使用和处理过程中的透明度。这种差异在法律保护中表现为不同的关注点和措施。隐私权的法律保护往往涉及对私人空间和通信自由的保障，防止他人未经授权的侵扰。而个人信息权则更关注信息主体在数据处理过程中的参与权和知情权，确保信息处理的合法性和透明度。这种不同的法律侧重反映了两者在保护个人权利方面的不同路径和方法。

个人信息权的行使可能影响隐私权的实现，特别是在信息共享和数据交易的背景下。随着数字经济的发展，信息共享和数据交易成为常态，这使得个人信息权的行使与隐私权的保护之间的界限变得更加模糊。在这种情况下，如何确保个人信息在共享和交易中的合法性，同时不侵犯隐私权，成为法律实践中的一大难题。这需要通过完善的法律框架和有效的监管机制来保障两者的协调发展。

（二）权利区别

个人信息权与隐私权在现代法律体系中扮演着至关重要的角色，但两者在权利性质和保护重点上存在显著区别。个人信息权强调个体对其信息的控制能力，具体包括访问、修改和删除权。这种权利的核心在于数据主体能够自主决定其信息的命运，确保信息处理过程的透明度和合规性。相较之下，隐私权更注重保护个体的私人生活不受外界干扰，强调的是对个人私密空间的尊重和不被侵犯的权利。隐私权的保护旨在维护个体在社会和法律环境中享有的基本自由与尊严，确保其不被不当的社会监督和干涉。

在法律救济机制方面，个人信息权的保护主要依赖数据保护法规的实施，这些法规通过明确的数据处理规则和合规要求来保障信息主体的权利。数据保护法规通常规定了信息收集、存储和使用的具体条件，确保信息处理活动的透明性和合法性。反观隐私权，其救济途径多通过侵权法和相关法律进行，重点在于对侵害行为的认定和制止。隐私权的法律保护通常涉及对个体私密信息的非法获取和使用的惩罚，以及对私人生活的过度干预的限制。

个人信息权的行使往往与信息的收集、存储和使用相关，强调的是信息主体对数据流动的掌控能力。这种权利在数据经济时代尤为重要，因为信息的价值和风险都在于其流动性和可用性。信息主体通过对数据处理活动的知情权和选择权，能够更好地维护自身信息的安全性和隐私性。而隐私权则更关注信息在个人生活中的非公开性和私密性，强调的是对个体生活领域的保护。隐私权的行使在于防止个人生活细节被不当披露和利用，确保个体的生活不被外界窥探和干扰。

（三）权利互补

个人信息权与隐私权的互补性体现在，个人信息权为隐私权提供了法律依据，确保用户对自身信息的控制，从而增强隐私保护的有效性。在现代社会，信息技术的飞速发展使得个人信息的收集、存储与处理日益普遍，这对个人隐私构成了潜在威胁。个人信息权的确立为用户提供了法律上的保护伞，赋予他们对自己信息的知情权、访问权和删除权等权利。这些权利的行使不仅是对个人信息的保护，更是对隐私权的有力支撑。通过法律手段，用户能够有效地控制信息的流动，确保其隐私不被侵害，从而在信息社会中维护个人尊严与自主性。

隐私权的保护为个人信息权的行使提供了道德和伦理框架，确保在信息处理过程中尊重个体的私人生活和尊严。隐私权作为一项基本人权，强调对个体私人生活的尊重，其核心在于保护个体免受不当的干扰和窥探。在信息化时代，隐私权的内涵与外延不断扩展，与个人信息权紧密相连。隐私权的伦理框架为个人信息权的行使提供了道德指引，要求信息处理方在技术操作中尊重个体的隐私界限。这种道德框架不仅是法律的补充，更是对信息处理者行为的约束，促使其在技术与伦理的交会处寻求平衡，保障用户的基本权利。

个人信息权的透明度要求促进了隐私权的实现，使用户能够知晓其信息的使用情况，从而增强对信息处理方的信任。在信息经济时代，透明度成为衡量信息处理活动合法性与合规性的重要标准。通过透明度要求，信息处理方需向用户披露信息收集的目的、范围和使用方式等细节。这种信息披露机制不仅提升了用户对信息处理活动的认知水平，也增强了用户对信息处理方的信任。信任是隐私权实现的重要基石，透明度要求通过消除信息不对称，促进了信任的建立，从而在法律与伦理的双重保障下，实现对隐私权的有效保护。

隐私权的边界明确化有助于个人信息权的规范化，确保信息处理活动在合法和合规的范围内进行，避免隐私权的侵犯。随着信息技术的不断革新，隐私权的边界逐渐模糊，这对法律的实施提出了新的挑战。明确隐私权的边界，有助于界定信息处理活动的合法性范围，为个人信息权的行使提供了清晰的法律框架。这种边界的明确化不仅是对信息处理者的约束，更是对用户权利的保护，确保信息处理活动在法律规定的轨道上运行，避免对隐私权的侵害，从而在法律与技术的交叉点上实现对个人信息的有效保护。

四、个人信息权的行使与限制

（一）行使方式

个人信息权的行使方式是个人在数字时代保护自身信息权益的重要手段。用户可以通过主动请求访问其个人信息，确保信息处理方提供透明的信息使用情况。这样的请求不仅是用户对自身信息的基本权利的体现，也是对信息处理方的一种监督机制，确保其在处理信息时的透明度和合法性。用户在行使这一权利时，常常需要借助法律框架和技术工具，以便有效地获取和管理其个人信息，从而在信息社会中维护自身的数字权益。

用户有权要求修改其个人信息，以确保数据的准确性和及时更新。这一权利的行使对于维护个人权益至关重要，尤其是在信息不准确可能导致误解或损害的情况下。通过行使修改权，用户可以纠正错误信息，防止因信息不实而带来的负面影响。这种权利不仅有助于保护个人的声誉和隐私，还能提高信息处理方的数据质量和服务水平，从而实现用户和信息处理方的双赢局面。

在现代信息社会中，用户可以提出删除请求，要求信息处理方在特定条件下删除其个人信息。这种权利的行使是为了保护用户的隐私不被滥用，尤其是在信息不再需要或用户撤回同意的情况下。删除请求权的行使，体现了用户对个人信息的控制权，同时也对信息处理方提出了更高的合规要求，要求其在收集、存储和处理信息时遵循严格的法律和道德标准，以避免不必要的法律风险和社会责任。

用户有权限制其个人信息的某些使用方式，以确保信息处理方在使用其数据时遵循用户的意愿。这种限制使用权的行使，能够有效防止信息被用于未经授权或不当的用途，从而增强用户对个人信息的掌控感和安全感。在信息经济背景下，这种权利的行使不仅是用户保护自身隐私的有效手段，也对信息处理方的运营提出了更高的透明度和合规性要求。

在信息处理过程中，用户享有知情权，要求信息处理方明确告知其个人信息的收集目的、使用范围及存储期限。知情权的行使是用户对信息处理方进行监督的重要方式，确保其在信息处理活动中的透明和合法性。通过行使这一权利，用户能够更好地了解和管理自己的个人信息，从而在数字化生存中有效地保护自身的隐私和权益。

（二）合法限制

合法限制在个人信息权的行使中扮演着至关重要的角色。其核心在于通过法律手段对个人信息权的使用进行合理的约束和规范，以确保他人合法权益不受侵犯。这一机制不仅是对个人信息权利的约束，更是对社会整体利益的保护。合法限制的存在使得个人信息权的行使不至于对他人或社会造成不当影响，同时也为权利行使提供了一个可操作的框架，有助于协调个人与公共利益之间的平衡。

在具体实施中，合法限制的范围是明确的，特别是在涉及国家安全、公共安全等敏感领域时，法律允许对个人信息权的行使进行适当限制。这种限制的必要性在于维护更为广泛的社会利益和公共秩序。比如，在反恐、公共卫生等领域，国家可能需要获取和使用个人信息以保障公共安全。此类限制的合法性和正当性通常需要通过立法程序来确立，并在实践中严格遵循，以防止权力的滥用和对个人隐私的不当侵害。

合法限制的程序性要求是确保其实施过程透明和公正的关键。任何对个人信息权的限制都应当遵循既定的法律程序，这不仅是对权利主体的尊重，也是维护法治原则的体现。在实践中，程序的正当性通常包括对限制措施的事先通知、听证权的保障以及对限制决定的合理解释等。通过这些程序性保障，个人可以更好地理解限制的理由，并有机会表达自己的意见，从而增强对法律制度的信任。

合理性是合法限制的基石，任何限制措施都必须具备充分的合理性理由。这意味着限制措施必须是必要的、适度的，并且与实现特定的合法目的直接相关。合理性的考量不仅防止了随意性和权力滥用，也为法律实施提供了明确的标准。在具体操作中，合理性原则要求对每一项限制措施进行严格的审查，以确保其对个人权利的影响最小化，同时实现公共利益的最大化。

（三）权利冲突

在数字化时代，个人信息权的行使与限制成为法律和伦理的重要议题。权利冲突是指个人信息权与其他权利或利益之间的矛盾。在信息社会中，个人信息权不仅涉及个人隐私的保护，还与公共利益、商业利益、法律执行以及技术创新等多个领域产生复杂的交织。这种冲突的解决需要在法律框架内进行细致的权衡和协调，以实现个人权利与社会整体利益的平衡。

在某些情况下，个人信息的保护可能与维护社会安全和公共利益产生矛盾。例如，在国家安全和公共安全事件中，政府和相关机构可能需要获取和使用个人信息以防范和应对潜在威胁。然而，这种获取和使用必须在法律允许的范围内进行，并在必要性和比例性原则下进行审查，以确保不对个人隐私造成过度侵害。在这种背景下，平衡个人信息权与公共安全需求显得尤为重要，需要通过立法和政策制定来明确界限和程序。

企业在利用个人数据实现商业目标时，可能会侵犯用户的隐私权。这种冲突不仅涉及法律层面的责任，还关系到用户对企业的信任。一旦用户感到隐私被侵犯，他们对企业的信任度将会降低，进而影响企业的声誉和市场竞争力。因此，企业需要在数据使用过程中严格遵循数据保护法律法规，透明地告知用户数据的使用目的，并确保数据的安全性，以实现商业利益与个人信息权的平衡。

在法律执行过程中，执法机构可能需要访问个人信息以进行调查和取证。这种需求与个人信息权之间的冲突需要通过法律框架来解决。执法机构在获取个人信息时，必须遵循合法性、必要性和比例性原则，确保信息的获取是为了合法的目的，并且不对个人隐私造成不必要的侵害。此外，建立严格的信息获取和使用程序，确保执法过程中对个人信息的保护，是解决这一冲突的关键。

在全球化背景下，个人信息的跨境流动是不可避免的。然而，不同国家和地区对个人信息保护的法律要求存在差异，这可能导致个人信息权与信息自由流动之间的冲突。为了解决这一问题，各国需要通过国际合作和协商，制定统一的数据保护标准和跨境数据流动协议，以确保个人信息在跨境传输过程中的安全性和合法性，同时促进信息的自由流动和全球数字经济的发展。

第二章　个人信息处理的法律规制

第一节　个人信息收集的法律要求

一、个人信息收集的合法性原则

（一）合法性基础

合法性基础是个人信息收集的首要原则。个人信息收集需基于明确的法律依据，这是确保信息处理合法性的重要前提。法律依据通常包括用户同意、合同履行或法定义务等。用户同意是最常见的合法性基础，要求信息收集者在收集信息前须获得信息主体的明确同意，并确保同意是自愿且知情的。合同履行作为合法性基础，适用于在合同关系中为履行合同而必需的信息收集。法定义务则指法律明确规定的信息收集要求，例如，反洗钱法规要求金融机构收集客户的身份信息。在实践中，信息收集者须准确识别和选择适用的合法性基础，以确保其信息收集行为的合法性和合规性。

在个人信息收集过程中，信息收集的范围必须限于实现特定目的所需的信息范围。这是为了防止过度收集与用户隐私无关的信息，确保信息收集的最小化原则得以贯彻。过度收集不仅增加了信息泄露的风险，还可能导致法律责任。因此，信息收集者在确定收集范围时，须明确信息收集的具体目的，并严格限制在实现该目的所需的信息范围内。此外，信息收集者应定期审查已收集的信息，确保其与收集目的的相关性和必要性，及时删除或匿名化不再需要的信息，以进一步减少隐私风险。

确保信息主体的知情权是个人信息收集中的重要环节。信息收集者有责任在收集个人信息时，向信息主体清晰、透明地告知信息用途、处理方式及可能的风险。信息主体应了解其信息将如何被使用，并对信息处理的全过程保持知情。这不仅是对信息主体权利的尊重，也是法律赋予信息主体的重要权利。为此，信息收集者须提供易于理解的隐私政策或声明，详细说明信息收集的目的、范围、使用方式和存储期限等信息，并在信息主体要求时，提供进一步的解释和说明，以确保信息主体能够充分行使其知情权。

在收集个人信息的过程中，建立相应的安全措施是防止信息泄露、损毁或被非法使用的关键。信息收集者应采取技术和管理措施，保护个人信息的安全性和完整性。这包括但不限于加密、访问控制、数据备份和安全审计等措施。此外，信息收集者还需建立信息安全事件应急响应机制，以便在发生信息安全事件时，能够及时采取措施，控制事态发展并减轻可能造成的损害。

（二）合法性评估

合法性评估在个人信息收集过程中具有关键作用，它确保数据处理活动符合法律和道德标准。评估的核心在于明确信息收集的目的和必要性。收集者必须清晰界定所需信息的范围，使其与既定目的相符，避免超出合理范围的收集行为。例如，在一个在线购物平台上，收集用户的邮寄地址是为了商品配送，这一目的明确且必要，而收集用户的家庭成员信息则可能超出合理范围。通过这种严格的目的限制，合法性评估有助于防止信息滥用，维护信息主体的合法权益。

在进行合法性评估时，信息主体的知情权是一个不可忽视的关键因素。信息主体应当在信息收集前被充分告知其信息的用途、处理方式及其享有的权利。这一过程通常通过清晰的隐私政策或声明来实现。知情权的保障不仅是法律的要求，也是赢得用户信任的基础。用户了解信息如何被使用，能够有效减少对信息收集的不安和疑虑，加强对信息处理机构的信任感，从而促进更为开放的信息共享环境。

合法性评估还必须审查信息收集过程中实施的安全措施。这些措施的主要目的是防止信息泄露或被非法使用，进而保障信息主体的安全。信息处理者需要采用技术和组织措施来保护数据安全，如加密技术、访问控制和定期安全审计等。通过这些措施，能够有效降低数据泄露的风险，确保信息主体的隐私和安全不受侵犯。合法性评估在此背景下，扮演着信息安全“守门人”的角色，确保每一个环节的安全性和可靠性。

二、个人信息收集的知情同意机制

（一）同意的形式

在个人信息保护的法律框架中，同意的形式是确保信息主体自主权的关键。

法律规定的信息收集必须基于主体的知情同意，这不仅是法律的要求，更是数字伦理的体现。知情同意机制的设计需要考虑信息主体的理解能力和信息复杂性，以确保主体在充分了解信息处理目的、范围和方式的前提下，自主作出同意决定。不同的同意形式适用于不同的场合和需求，确保信息主体的权益得到有效保护。

书面同意形式在法律规制中占据重要地位，尤其在涉及敏感信息的收集时，签署协议或合同成为确认信息主体同意的最佳方式。这种形式不仅有助于信息主体明确表达其同意，也为信息处理者提供了法律保障。书面同意的内容须清晰、具体，涵盖信息收集的目的、使用方式、保存期限等关键要素，以便信息主体在签署前充分理解其法律意义和后果。

在数字化时代，电子同意形式因其便捷性和高效性而被广泛应用。点击同意按钮或通过电子邮件确认，已成为在线服务获取用户同意的常见方式。这种形式适应了数字环境的快速变化，但同时也要求信息处理者在设计同意机制时，确保用户能够清晰地了解其同意的具体内容和后续影响。电子同意的记录和存储也须符合法律要求，以备后续查证。

口头同意形式通常在面对面交流中使用，适用于某些特定场合，如电话咨询或现场服务。这种形式的灵活性较高，但同时也增加了信息处理者的责任，即须确保有相应的记录以备后续查证。录音或书面记录成为口头同意的重要补充，以确保信息主体的同意得到有效证明，并在争议发生时提供法律支持。

默示同意形式在某些情况下被视为有效，尤其当用户在使用服务时未主动拒绝信息收集。然而，这种形式对信息处理者提出了更高的透明度要求，即须明确告知用户该形式的适用情境及其法律后果。信息处理者应确保用户在知情的基础上作出默示同意，并提供简单易行的拒绝或撤回同意的方式，以尊重信息主体的选择权和控制权。

（二）同意的撤回

在个人信息保护的法律框架中，同意的撤回机制是确保用户对其个人信息处理拥有控制权的关键环节。用户在给予信息收集同意后，法律赋予其随时撤回该同意的权利。这一机制不仅保护了用户的自主权，还使得信息处理活动更加透明和可控。用户的撤回权利的行使，要求信息处理者在法律和道德上尊重用户的选择，并迅速采取相应措施，以停止相关信息的处理活动。

撤回同意的程序设计应以用户体验为核心，确保其简便易行。用户应能够在任何时候轻松找到撤回同意的选项，而不被复杂的流程阻碍。这种便利性不仅增强了用户对信息处理的信任度，也反映了组织对用户权利的尊重。为了实现这一点，组织需要在其平台或应用中提供清晰的指引，并在隐私政策中详细说明撤回同意的步骤和注意事项，以便用户能够顺利完成操作。

在用户撤回同意后，相关组织有责任立即停止对用户个人信息的处理，并在合理的时间内删除已收集的信息。这一要求不仅是对用户撤回意愿的尊重，也是对法律合规性的体现。组织应具备快速响应机制，确保在接收到用户的撤回请求后，能够及时采取措施，避免不必要的个人信息处理。同时，组织还需记录撤回同意的时间和处理步骤，以备日后审查和验证。

用户在撤回同意时，应被充分告知撤回的后果，包括可能对服务的持续性或功能产生的影响。这一信息的透明传达，有助于用户在权衡利弊后作出明智的决定。组织应在隐私政策中明确说明撤回同意可能导致的服务变更或中断，并提供替代方案或补救措施，以最大限度地减少对用户体验的负面影响。这种细致的沟通不仅提升了用户对组织的信任，也减少了潜在的法律纠纷。

（三）同意的例外

在个人信息保护的法律框架中，知情同意机制是确保用户权利的重要手段。然而，法律也明确了若干例外情况，在这些情况下，信息收集者可以不需用户的同意收集和处理个人信息。这些例外不仅是对法律原则的补充，也是对现实需求的回应。法律规定的例外情况包括，为履行法律义务或保护他人的生命财产安全等目的，信息收集者可以在不取得用户同意的情况下收集个人信息。这一规定旨在平衡个人信息保护与社会公共利益之间的关系，确保在必要时能够迅速、有效地采取行动。

在紧急情况下，如公共卫生事件或自然灾害中，保障公众利益成为首要任务，此时可能会无须事先征得用户同意而收集个人信息。这种情境下，个人信息的收集和使用被认为是为了更广泛的社会利益服务，法律赋予了相关机构在特定条件下的豁免权。这种豁免权的设定是为了在紧急情况下，最大限度地减少对社会的潜在危害，同时也反映了法律对公共利益的高度重视。

为了执行合同条款或提供用户所请求的服务，某些情况下也允许在未获得同意的情况下处理个人信息。这种例外是基于合同履行的必要性，确保用户在享受服务时不受过多烦琐手续的影响。法律在此方面的规定体现了对商业活动正常运作的支持，同时也要求企业在处理用户信息时保持透明和审慎，防止信息滥用。

在进行科研或统计分析时，经过匿名化处理的个人信息可以在不需用户同意的情况下使用，以促进科学研究的进展。此类信息的使用通常经过严格的伦理审查和法律评估，以确保其不对个人隐私构成威胁。匿名化处理不仅是对个人信息的保护措施，也是对科学研究的推动手段，法律对此的支持反映了对知识进步和社会发展的鼓励。

三、个人信息收集的透明度要求

（一）信息披露内容

信息披露是个人信息收集过程中至关重要的一环，其内容直接影响到信息主体对信息处理活动的信任水平。信息披露的内容应当全面、准确地反映个人信息收集的各个方面。信息收集的目的说明是信息披露的核心内容。信息收集的具体用途及其与服务相关的必要性需要清晰地向用户传达，以便他们了解信息收集的动机和使用场景。这种透明度不仅有助于用户作出知情选择，还能降低信息误用的风险，提高用户对服务的接受度和信任度。

在法律框架下，个人信息处理的法律依据是信息披露中不可或缺的部分。明确用户同意、合同义务或其他法律要求作为信息收集的基础，能够为信息处理活动提供合法性保障。用户同意是最常见的法律依据之一，通常通过隐私政策或用户协议来实现。然而，仅依赖用户同意可能并不足够，合同义务和法律要求也常常被用作信息收集的补充依据。这种多元化的法律基础有助于在不同情境下灵活应对法律合规的要求。

信息主体的权利告知是信息披露中的另一个重要组成部分。用户对其个人信息的访问、修改和删除权利的详细说明，能够有效保障用户在信息处理过程中的主动权。这些权利的行使不仅是用户自我保护的手段，也是法律赋予信息主体的基本权利。通过清晰的权利告知，用户可以更好地管理和控制自己的个人信息，从而提升对信息处理活动的信任感。

（二）信息获取渠道

在现代信息社会中，信息获取渠道的多样性为个人信息的收集带来了诸多便利，同时也对法律规制提出了更高的要求。官方网站、移动应用程序和社交媒体等渠道成为个人信息收集的重要途径。为了确保用户能够清晰识别信息来源，各个渠道必须在信息收集时提供明确的标识和说明。用户在访问这些平台时，应该能够轻松地了解到其个人信息将通过何种渠道被收集，从而在知情的情况下作出是否提供信息的决定。这种透明度不仅是法律的要求，也是建立用户信任的基础。

信息收集过程中，明确告知用户所使用的渠道是提升透明度的关键措施之一。用户需要了解其个人信息将在何种环境下被获取，这包括但不限于官方网站的表单提交、移动应用程序的权限请求以及社交媒体的互动功能等。通过这种方式，用户可以更好地控制其个人信息的流向和使用情况。这种透明度的提升不仅有助于增强用户对平台的信任感，也为企业和组织在法律合规方面提供了强有力的支持。

各类信息获取渠道应遵循一致的隐私政策和数据处理标准，以确保用户在不同渠道下享有相同的权利。无论用户选择通过何种渠道提供其个人信息，他们都应当享有相同的知情权、访问权和删除权等基本权利。这种标准化的隐私政策和数据处理方法，不仅有助于维护用户的合法权益，也为企业在多渠道运营中提供了清晰的合规框架。这种一致性是个人信息法律规制的核心，也是实现用户信息保护的有效途径。

提供多样化的信息获取渠道，使用户能够选择最符合其需求和偏好的方式进行个人信息的提交与管理，是当前法律规制的重要方向。用户的需求和偏好各不相同，因此多样化的渠道选择不仅满足了用户的个性化需求，也提高了信息收集的效率和准确性。企业和组织在设计信息获取渠道时，应充分考虑用户体验和法律合规性，确保用户在使用过程中能够获得清晰、透明的信息提示和便捷的操作体验。

四、个人信息收集的安全保障措施

（一）数据加密技术

数据加密技术在现代信息安全中扮演着至关重要的角色。它通过将明文数据转换为密文，确保只有授权方能够访问敏感信息。这一技术不仅在保护个人隐私方面发挥关键作用，还在维护数据完整性和防止未经授权的访问中起到重要作用。加密技术的广泛应用为个人信息的安全传输和存储提供了坚实的基础，尤其在当前数字化转型加速的背景下，其重要性愈发突出。

数据加密技术的基本原理涉及复杂的数学算法，通过这些算法，明文被转换为密文，从而实现信息的保密性。在个人信息保护中，加密技术被广泛应用于各种场景，如线上交易、云存储等，确保用户数据在传输和存储过程中不被窃取或篡改。加密技术的作用不仅限于保护数据的私密性，还包括保障数据的完整性和真实性，防止数据在传输过程中被恶意修改。

对称加密和非对称加密是两种主要的加密技术，各有其特点和适用场景。对称加密使用相同的密钥进行加密和解密，速度较快，适用于大数据量的加密场景。然而，其密钥管理较为复杂，密钥泄露风险较高。非对称加密则使用一对密钥：公钥用于加密，私钥用于解密，安全性较高，适用于密钥管理要求严格的场景，如数字签名和身份验证。

在数据传输过程中，加密技术的重要性尤为突出。通过加密，数据在传输链路上的安全性得到了保障，防止黑客在数据传输过程中进行窃听或篡改。常见的实现方式包括 SSL/TLS 协议，它们通过加密通道确保数据在网络上传输时的安全性。此外，VPN 技术也通过加密隧道保护数据传输的隐私性和完整性。

加密技术在提升数据存储安全性方面同样具有显著效果。通过加密，存储在数据库或云端的个人信息即使被非法访问，也难以被直接读取，从而提高了数据存储的安全性。常见的方法包括磁盘加密和文件加密，它们能够在硬件和软件层面提供多重安全保障，确保数据在存储介质上的安全性。

（二）访问控制措施

访问控制措施是个人信息保护中的关键环节，其核心在于限制和管理对信息系统的访问，从而防止未经授权的访问和数据泄露。访问控制不仅涉及技术手段，还包括管理策略和流程的制定与实施。在数字化时代，信息的安全性和隐私性越来越受到重视，因此，建立有效的访问控制措施对于保护个人信息至关重要。通过合理的访问控制，组织可以确保只有被授权的人员才能接触到特定的信息资源，从而有效降低信息泄露的风险。

访问控制的定义及其在个人信息保护中的重要性不容忽视。访问控制是指对用户进行身份识别和权限分配，以限制其对信息资源的访问范围。其重要性体现在三个方面：首先，通过身份验证和权限分配，访问控制可以确保只有经过授权的用户才能访问特定的个人信息，从而有效防止未经授权的访问。其次，访问控制有助于维护信息的完整性，防止数据被篡改或误用。最后，通过访问控制，可以实现对信息访问行为的追溯和审计，为后续的安全分析和事件响应提供支持。

基于角色的访问控制（Role-Based Access Control，RBAC）模型是一种常见且有效的访问控制策略。RBAC 通过将权限分配给角色，而非直接分配给用户，从而简化了权限管理的复杂性。在 RBAC 模型中，用户被赋予一个或多个角色，每个角色对应一组特定的权限。实施 RBAC 的关键在于角色的合理设计和权限的精确分配，以确保每个用户只能访问其工作所需的信息。RBAC 的优势在于其灵活性和可扩展性，能够适应不同规模和复杂度的组织需求。

用户身份验证机制的多样化是访问控制措施的重要组成部分。传统的密码验证方法由于其易受攻击和管理不便，逐渐被多因素认证（Multi-factor authentication，MFA）取代。MFA 通过结合多种验证手段，如密码、短信验证码、生物识别等，提高了身份验证的安全性和可靠性。多因素认证的实施可以显著降低身份冒用和未经授权访问的风险，为个人信息的安全提供更强有力的保障。

访问日志的记录与监控是访问控制措施中不可或缺的一环。通过详细记录用户的访问行为，组织可以在事后进行审计和分析，识别潜在的安全威胁和违规行为。访问日志的有效管理不仅有助于追踪信息泄露事件，还可以为制定和优化安全策略提供依据。定期审查访问日志能够帮助组织及时发现和响应安全事件，维护信息系统的安全性和稳定性。

（三）安全事件响应

安全事件响应是确保个人信息在收集过程中的安全性和完整性的重要环节。制订一个全面的安全事件响应计划是至关重要的，该计划应包括明确的责任分工和详细的响应流程。通过明确各个团队和个人在安全事件发生时的具体职责，可以确保在事件发生时能够迅速有效地进行处理。响应流程需要涵盖从事件的初步识别到最终解决的各个阶段，确保每一步都得以有效执行，从而最大限度地减少安全事件对个人信息造成的影响。

为了及时发现潜在的安全威胁和信息泄露事件，安全事件的监测与检测机制必不可少。利用先进的实时监控工具和日志分析技术，能够在第一时间识别出异常活动或潜在的安全威胁。这些工具不仅可以帮助企业在安全事件发生前采取预防措施，还可以在事件发生时提供关键信息，支持快速响应和决策。这种机制的有效性直接影响到安全事件响应的速度和准确性，是个人信息保护中的关键环节。

在安全事件发生后，迅速采取应急响应措施是控制事件影响的关键。应急响应措施通常包括数据隔离、系统恢复和用户通知等。通过迅速隔离受影响的数据和系统，可以防止事件进一步扩散；同时，快速恢复系统功能，确保业务连续性；向受影响的用户及时通报事件情况，不仅是法律要求，也是企业诚信和责任的体现。这些措施的有效实施，能够将安全事件的负面影响降到最低。

事后分析与评估机制是安全事件响应的最后一个重要步骤。通过对安全事件进行深入调查，识别事件发生的根本原因，可以为未来的安全防护提供宝贵的经验教训。基于分析结果提出改进建议，能够有效防止类似事件的再次发生。这一过程不仅有助于提升企业的安全防护能力，也为个人信息保护法律的完善提供了实践依据。

第二节　个人信息存储与使用的法律边界

一、个人信息存储的合法性与合规性

（一）数据存储的法律框架

数据存储的法律框架是个人信息保护体系中的关键组成部分。随着信息技术的快速发展，个人信息的存储方式和地点变得尤为重要。法律框架明确规定了数据存储的基本原则，确保数据在存储过程中不被滥用或泄露。法律框架的建立不仅考虑了信息安全，还强调了对信息主体权利的尊重和保护。通过制定详细的法律条款，明确数据存储的责任主体和义务，法律框架为数据存储提供了坚实的法律保障。这种法律框架通常包括对数据存储的合规性要求，以及对违规行为的惩罚措施，以确保所有参与者都能遵循既定的法律规范。

个人信息存储的法律依据是数据存储合法性的核心。相关法律法规对数据存储提出了具体的要求和限制，涵盖了数据收集、存储、使用和销毁的各个环节。这些法律依据不仅包括国家层面的法律法规，还可能涉及国际公约和地区性法律的规定。通过这些法律依据，明确了哪些类型的数据可以存储，存储的

条件是什么，以及数据存储的期限和目的。这种法律依据确保了数据存储的透明性和合法性，使得数据处理者在进行个人信息存储时有法可依。

数据存储的地点要求是个人信息存储法律框架中的重要组成部分。法律规定数据是否需要在特定地区或国家内存储，通常是出于国家安全、数据主权或隐私保护的考虑。某些国家或地区可能要求特定类型的数据必须在本地存储，以便于监管和保护。这种地点要求可能涉及跨境数据传输的法律限制，确保数据在传输和存储过程中不被非法访问或泄露。通过明确数据存储的地点要求，法律为数据存储的地域性提供了清晰的指引。

个人信息存储的安全标准是确保数据在存储过程中得到有效保护的重要措施。法律强调在存储过程中需采取的技术和管理措施，以保障数据安全。这些安全标准通常包括数据加密、访问控制、数据备份和恢复等技术措施，以及安全管理制度的建立和执行。通过制定严格的数据存储安全标准，法律确保数据在存储过程中不被未经授权的访问、篡改或泄露，从而保护信息主体的隐私和数据安全。

（二）合规性评估标准

合规性评估标准是确保个人信息存储合法性与合规性的核心要素。评估的首要任务是确认个人信息存储的法律依据，以保证所有存储活动均符合相关法律法规的要求。法律依据不仅包括国内相关法律，还需考虑国际公约和跨境数据传输的法律框架。通过明确法律依据，组织可以在数据存储过程中，建立起稳固的法律基础，避免潜在的法律风险和争议。

评估标准的另一重要方面是存储地点的合规性。法律规定的数据存储区域通常涉及国家或地区的法律管辖范围，确保个人信息在这些区域内存储是合规性评估的关键。存储地点的合规性不仅影响数据的法律保护水平，还可能影响信息主体的权利和数据处理的透明度。因此，组织在选择数据存储地点时，需综合考虑法律要求和信息安全因素，以降低数据泄露和法律责任风险。

数据存储的安全标准是合规性评估的第三个重点。组织应建立和维护高水平的技术和管理措施，以保障信息安全。这包括采用加密技术、防火墙、访问控制等技术措施，以及数据备份、灾难恢复等管理措施。通过这些措施，组织可以有效防止未经授权的访问、数据泄露和篡改，确保个人信息的完整性和机密性。

合规性评估还需充分考虑信息主体的权利保护。信息主体的权利包括对其存储信息的访问、修改和删除的权利。这些权利的保障不仅是法律的要求，也是数字伦理的体现。组织应建立便捷的机制，方便信息主体行使其权利，并在合理的时间内对其请求作出回应。通过尊重和保障信息主体的权利，组织可以增强用户信任，提升自身的社会责任形象。

（三）数据存储的安全措施

数据存储的安全措施在个人信息保护中扮演着至关重要的角色。数据加密措施是保护存储数据的基本手段，通过对存储数据进行加密，可以有效防止未授权访问，确保数据在存储过程中的机密性和完整性。加密技术的应用不仅能够保护数据的隐私性，还能在法律纠纷中提供有力的证据支持。在数据存储过程中，定期备份数据也是一项重要的安全措施。备份可以防止数据丢失或损坏，确保在发生意外情况时能够快速恢复信息。通过建立完善的备份机制，企业可以在数据丢失事件中最大限度地减少损失，保障业务的连续性。

实施访问控制策略是确保数据存储安全的另一重要措施。通过限制对存储数据的访问权限，可以确保只有经过授权的人员能够访问敏感信息。这不仅有助于保护个人信息，还能防止内部人员的恶意行为。在此基础上，监控和审计存储数据的访问记录是提升信息安全管理透明性的重要手段。通过对访问记录的监控，企业可以及时发现并响应潜在的安全威胁，确保数据的安全性和完整性。审计过程能够帮助企业识别安全漏洞，并采取相应的改进措施，以提高整体安全水平。

二、个人信息使用的目的限制与透明度

（一）使用目的的合法性

个人信息使用的合法性是确保信息主体权益的核心原则。使用个人信息的目的必须与收集时声明的目的相一致，这不仅是法律的要求，也是对信息主体知情权的尊重。在信息收集之初，组织应明确告知信息主体其信息将如何被使用，以确保信息主体能够清楚地理解信息处理的全过程。这种透明度不仅可以减少误解与争议，还能在一定程度上增强信息主体对信息处理者的信任感。

在个人信息的使用过程中，遵循最小化原则是必不可少的。这意味着，组织在使用个人信息时，应仅限于实现特定目的所需的必要信息，避免不必要的

扩展使用。信息的过度使用不仅可能导致资源的浪费，更可能引发信息主体对其信息安全的担忧。因此，信息处理者需要在信息使用的各个环节中，严格控制信息的使用范围和程度，以确保信息处理的合理性与必要性。

确保个人信息使用的合法性是信息处理者的法律责任。所有的使用行为都必须符合相关法律法规的要求，以维护信息主体的合法权益。信息处理者应熟悉并遵循相关的法律法规，确保其信息使用行为不违反任何法律规定。这不仅是对信息主体权益的保护，也是组织自身合法运营的基础。通过合法合规的使用行为，组织可以有效地减少法律风险，增强其社会责任感。

在信息使用的过程中，建立透明的使用政策是增强用户信任的重要手段。组织应明确告知用户其信息使用的具体方式和范围，并在必要时提供详细的使用说明。这种透明度不仅可以帮助用户更好地了解信息的使用情况，还能在一定程度上提升用户对组织的信任度。通过公开透明的信息使用政策，组织可以有效地展示其对用户个人信息的重视与保护，增强用户的信任。

（二）信息透明度要求

信息透明度是个人信息保护法律中一个关键的原则，旨在确保信息主体对其个人信息的使用有充分的知情权和控制权。信息使用的目的和范围应明确告知用户，以增强用户对个人信息使用的信任和理解。通过清晰的告知，用户能够更好地理解其信息被收集和处理的原因，从而作出知情的决策。透明度不仅是法律的要求，更是组织与用户建立信任关系的基础。

组织需定期更新和公开信息使用政策，确保用户能够获取最新的信息处理方式和使用目的。这种动态的透明度要求组织在信息使用政策发生变化时，及时通知用户，并提供清晰的说明。这不仅有助于维护用户对组织的信任，也能防止因政策不透明而引发的法律纠纷。信息使用政策的公开化和更新，反映了组织对用户权利的尊重和对法律合规的承诺。

信息主体应有权随时查询其个人信息的使用情况，包括使用的具体目的和相关的处理活动。赋予信息主体查询权，能够增强其对信息处理过程的参与感和控制感。这种权利的行使，要求组织建立便捷的查询机制，以便用户能够随时获得其个人信息的使用情况。这不仅是对用户知情权的保障，也是对信息透明度要求的具体落实。

在信息使用过程中，组织应提供简明易懂的说明，确保用户能够清楚理解其信息被使用的方式及可能影响。复杂的法律术语和技术细节可能导致用户困惑，因此，采用通俗易懂的语言进行解释显得尤为重要。这种做法不仅符合信息透明度的要求，还能够有效提升用户对信息处理活动的理解和信任水平。

（三）用户知情权保障

在现代信息社会中，用户知情权保障日益成为个人信息保护的重要组成部分。用户知情权意味着用户有权全面了解其个人信息的收集、存储和使用情况。这不仅包括信息的具体使用目的和范围，还涵盖了信息处理的所有阶段。只有在用户充分知情的情况下，信息处理活动才能被认为是合法和合规的。用户知情权的保障是实现个人信息处理透明度的基础，能够有效提升用户对信息处理活动的信任感。

为了增加透明度，组织应定期向用户提供关于其个人信息处理活动的详细报告。这些报告应清晰、准确地说明个人信息的使用情况，包括但不限于信息的收集来源、存储地点、使用目的及其变化等。通过这样的透明报告，用户可以更好地理解其个人信息如何被使用，并对信息处理活动进行有效监督。这种透明度不仅有助于增强用户的信任，也为组织建立良好的社会责任形象提供了支持。

用户应被明确告知他们对个人信息的访问、修改和删除权利。为了实现这些权利，组织须提供简便的方式，使用户能够轻松地请求访问、更正或删除其个人信息。这种权利的实现不仅是法律的要求，也是用户对其个人信息拥有控制权的体现。通过便捷的操作流程，用户能够更自主地管理其信息，从而在一定程度上减少信息误用和泄露的风险。

在信息处理过程中，确保用户能够轻松获取与其个人信息相关的隐私政策和使用条款是至关重要的。隐私政策和使用条款应采用易于理解的语言，避免过于专业的术语，以确保所有用户都能理解其内容。这些文件是用户知情权保障的核心文件，应在信息收集的初始阶段便向用户提供，并在其后续更新时及时通知用户。通过这样的方式，用户可以对其个人信息的处理有更清晰的认识。

三、个人信息访问权限的控制与管理

（一）访问权限的设定原则

在个人信息保护领域，访问权限的设定原则是确保信息安全与隐私保护的基础。访问权限应基于用户的角色与职责进行设定，以确保只有必要的人员能够访问敏感信息。这种基于角色的访问控制策略不仅可以有效地防止信息泄露，还能保证信息在合法的框架内使用。角色与职责的明确划分，有助于在组织内部形成清晰的信息流动路径，从而降低因权限过度而导致的安全风险。此外，这一原则的实施还需结合信息的敏感性和重要性来制定相应的访问控制策略，以实现更加精细化的权限管理。

设定访问权限时，信息的敏感性和重要性是必须考虑的关键因素。不同级别的信息应对应不同的访问控制策略，以确保信息的安全性和完整性。在实践中，通常根据信息的机密性、完整性和可用性模型来评估信息的敏感性。例如，高敏感度的信息可能需要多因素认证和加密传输，而低敏感度的信息则可能只需要基本的身份验证。这种分级管理的方式能够有效提高信息系统的安全性，同时也能减少因过度保护而导致的资源浪费。

访问权限的设定须遵循最小权限原则，这一原则强调用户仅能访问其完成工作所需的信息，避免不必要的权限扩展。最小权限原则不仅是信息安全管理的重要组成部分，也是提升组织整体安全水平的有效手段。通过限制用户的权限范围，可以有效减少内部威胁和误操作带来的风险。此外，最小权限原则的实施还需要结合技术手段，如权限分离、双重认证等，以进一步提高信息系统的安全性和稳定性。

定期审查和更新访问权限是确保权限管理有效性与安全性的重要措施。随着组织结构和业务需求的变化，访问权限的设定也需进行相应调整，以适应新的安全环境和业务流程。定期的权限审查不仅能够发现并纠正权限设置中的不当之处，还能为组织提供一个重新评估安全策略的机会。此外，权限更新过程中应充分考虑员工的角色变化和新技术的应用，以确保信息系统的安全性与灵活性。

（二）权限管理技术手段

在现代信息系统中，权限管理技术手段是确保个人信息安全的重要组成部分。权限管理不仅涉及对用户访问权限的合理分配，还包括对访问行为的持续监控和调整。基于角色的访问控制技术是当前应用广泛的一种方法，它通过根据用户的角色和职责来分配相应的访问权限，从而有效地减少不必要的权限扩展。这种方法不仅提高了系统的安全性，还简化了权限管理的复杂性。然而，基于角色的访问控制也需要不断更新角色定义以适应组织结构的变化，确保其灵活性和有效性。

访问控制列表（Access Control List，ACL）机制是另一种关键的权限管理手段，它通过明确定义哪些用户或系统可以访问特定资源及其操作权限，进一步增强了信息安全性。ACL 的优势在于其细粒度的控制能力，能够为每一个资源设置特定的访问权限，从而提供了高度的定制化。然而，ACL 的管理和维护可能较为复杂，特别是在大型系统中，需要制定清晰的策略和流程以确保其有效实施。

多因素身份验证（MFA）技术是提高系统防护能力的有效手段，通过要求用户提供多种身份验证方式，显著提升了对未授权访问的防护能力。MFA 通常结合密码、短信验证码、生物识别等多种验证方式，提供了多层次的安全保障。尽管 MFA 增加了用户访问的复杂性，但在信息安全风险日益增加的背景下，其重要性愈加突出。MFA 的实施需要在安全性和用户体验之间取得平衡，以确保用户能够接受和适应这一安全措施。

访问权限审计与监控工具在权限管理中扮演着重要角色，这些工具能够实时记录和分析用户访问行为，及时发现并响应潜在的安全威胁。通过对访问日志的分析，管理者可以识别异常行为并采取相应措施，防止信息泄露和系统入侵。审计与监控不仅是对现有权限管理策略的补充，也是对系统安全态势的全面评估，帮助组织在安全事件发生前采取预防措施。

（三）访问记录与审计

访问记录与审计在个人信息保护的法律框架中扮演着至关重要的角色。访问记录的完整性要求是确保记录内容的准确性和完整性，这包括访问时间、访问者身份、访问目的及操作类型等关键信息。完整的访问记录不仅有助于后续的审计和分析，还为追溯不当行为提供了可靠的依据。在信息技术迅速发展的今天，确保访问记录的完整性是信息安全管理的基础。通过对访问记录的细致记录和妥善管理，可以有效支持信息系统的透明度和可追溯性。

定期审计访问记录是识别潜在安全风险和不当访问行为的关键步骤。审计的频率和深度需要根据组织的具体需求和法律要求来设定，以确保信息安全管理的有效性。通过定期审查访问记录，组织能够及时发现异常行为或潜在的安全漏洞，从而采取必要的补救措施。审计过程不仅是对过去行为的回顾，更是对未来信息安全策略的指导。通过不断优化审计机制，组织可以更好地应对信息安全的挑战，提高整体安全防护水平。

访问记录的存储与保护措施是确保记录数据不被篡改或删除的关键。有效的存储策略需要结合适当的安全防护机制，以抵御外部攻击和内部威胁。采用加密技术和访问控制措施，可以有效保护访问记录的机密性和完整性。此外，备份机制的建立也是保护访问记录的重要环节。通过多层次的保护措施，组织能够在信息安全事件发生时快速恢复数据，确保业务连续性和数据的完整性。

对访问记录的访问权限进行严格控制是防止信息泄露的重要手段。只有授权人员才能查看和管理访问日志，这要求建立严格的权限管理机制。通过对访问权限的精细化管理，组织能够有效防止内部人员的越权访问和不当操作。权限管理不仅涉及技术手段的应用，还需要完善的管理制度和员工培训，以提高整体安全意识。通过多方位的控制措施，组织能够有效降低信息泄露的风险，保障个人信息的安全。

四、个人信息共享与第三方使用的法律限制

（一）数据共享的法律边界

数据共享的法律边界是个人信息保护中的关键一环。法律界定了数据共享的基本框架，以确保信息主体的权益不受侵犯。数据共享必须基于合法的法律依据，这包括用户的明确同意、合同条款的规定或法律法规的明确要求。每一种依据都需要经过严格的审查，以确保信息共享的合法性和必要性。法律边界的设定不仅是对信息主体权利的保护，也是对数据处理者责任的明确。通过对法律依据的严格界定，能够有效防止数据滥用和信息泄露，维护社会的整体数据安全。

个人信息共享的法律依据包括用户同意、合同条款或法律法规的明确要求，以确保信息共享的合法性。用户同意是最为直接的法律依据，通常通过隐私政策或用户协议的形式获得。然而，仅仅获得用户同意并不足够，合同条款和法律法规的明确要求同样重要。这些法律依据确保了信息共享的合法性，并为数据处理者提供了明确的操作指引。合同条款通常会在用户与服务提供商之间设定信息共享的具体条件，而法律法规则为信息共享提供了更为广泛的社会和道德基础。

个人信息共享的目的限制是确保信息仅在特定、明确的目的下进行共享，

避免不必要的扩展使用。法律要求数据处理者在收集和共享个人信息时明确其目的，并限制在该目的范围内使用。这种目的限制不仅保护了信息主体的权利，也为数据处理者提供了清晰的操作框架。通过明确目的，能够有效防止信息的滥用和过度使用，从而保护信息主体的隐私权。目的限制是数据处理的基本原则之一，其重要性在于确保信息的合法和合理使用。

对第三方的使用限制确保在共享个人信息时，第三方须遵循相应的法律法规和安全标准，以保护信息主体的权益。法律规定第三方在使用共享信息时，必须遵循与数据处理者相同的法律和安全标准。这种限制不仅是对信息主体权利的保护，也是对数据处理者责任的延伸。通过对第三方的严格限制，能够有效防止信息的二次泄露和滥用，确保信息主体的权益不受侵犯。第三方使用限制是个人信息保护法律体系的重要组成部分，其目的是维护信息共享过程的安全性和透明度。

信息主体的知情权确保用户在其个人信息被共享前得到充分告知，包括共享的目的、范围及可能的风险。法律要求数据处理者在共享信息前，必须向信息主体提供清晰、详细的告知。这种知情权不仅是信息主体的一项基本权利，也是数据处理者的一项基本义务。通过充分告知，信息主体能够更好地了解其信息的使用情况，并在必要时行使其权利。知情权是个人信息保护法律体系的核心内容之一，其重要性在于维护信息主体的自主权和选择权。

（二）第三方使用的合规要求

在现代信息社会，第三方使用个人信息的合规要求愈发重要。合规性不仅是法律的要求，也是维护公众信任的关键。第三方在处理个人信息时，必须进行严格的合规性审查。这意味着，第三方企业在使用数据时须确保遵循相关法律法规的要求，这不仅包括国内法律，还需考虑国际法规的影响。合规性审查的核心在于确保数据处理过程的透明性和合法性，只有这样才能有效防范潜在的法律风险和道德争议。

为了保护信息主体的权益，第三方在使用个人信息之前，必须取得用户的明确同意。这一要求不仅是法律的规定，更是数字伦理的基础。明确的同意意味着用户在知情的情况下，自愿授权第三方使用其个人信息。这一过程应当是透明的，用户需要了解其信息将被如何使用、使用的目的以及可能的风险。通过这种方式，信息主体的知情权得到充分保障，同时也增强了用户对数据处理方的信任。

在使用个人信息时，第三方须严格遵循最小化原则。这一原则要求第三方仅在必要范围内使用个人信息，避免过度使用或滥用数据。最小化原则不仅有助于减少数据泄露的风险，还能降低不必要的数据存储和处理成本。通过对数据的精确控制，第三方可以在保护用户隐私的同时，更高效地利用数据资源，实现法律合规与商业利益的双赢。

组织在与第三方合作时，应签订详尽的数据处理协议。这种协议不仅明确了双方的权利和义务，还规定了数据处理的具体要求和安全措施。数据处理协议是确保信息安全和合规性的法律保障，它为双方的合作提供了清晰的框架和指引。通过协议的约束，双方可以更好地协调合作，确保数据处理过程的安全性和合法性。

（三）用户同意与授权机制

用户同意与授权机制在个人信息处理的法律框架中扮演着至关重要的角色。用户同意的明确性是确保信息收集和使用的合法性基础。组织在收集个人信息时，必须提供清晰、易懂的同意说明，以便用户能够充分理解其信息将如何被使用。这不仅涉及信息的用途，还包括信息将被存储的地点、时长及可能的共享对象。通过这种方式，用户能够在知情的情况下作出明智的决定，确保信息处理的透明度和可控性。

同意的有效性是另一个关键要素，强调用户同意必须是在自愿、知情的基础上作出的。任何形式的强迫或误导都可能导致同意无效，从而影响信息处理的合法性。法律要求组织在获取用户同意时，必须确保用户完全理解他们所同意的内容，并且这种同意是出于自愿，而非在压力或误导下作出的。有效的同意不仅保护用户的权利，也为组织在法律框架内运作提供了保障。

同意的时间限制是用户同意机制中的重要组成部分。组织应明确告知用户其同意的有效期限，并在期限到期后重新获取用户同意。这种机制不仅维护了信息处理的合法性，还确保用户能够定期审视其同意事项，保持对其个人信息使用的控制权。通过设定时间限制，组织可以避免长期持有用户信息而未重新确认用户同意的风险，从而减少潜在的法律纠纷。

用户对同意的撤回权是保护用户信息权利的重要措施。组织必须确保用户能够随时方便地撤回其同意，并在撤回后明确告知用户信息处理的后果。撤回权的存在使用户能够在信息使用过程中保持主动权，保障其个人信息不被滥用。组织在设计信息处理流程时，应考虑撤回同意的便捷性和透明度，以增强用户对信息处理的信任。

第三节　个人信息传输的安全保障措施

一、个人信息传输的法律合规性要求

（一）法律规定的信息传输要求

在个人信息传输的过程中，法律规定的信息传输要求是确保信息处理合法性的重要基础。相关法规明确指出，信息传输必须在法律框架内进行，遵循既定的法律条款和行业标准。这些规定不仅为信息传输提供了法律依据，还确保了信息处理的合法性和正当性。为了实现这一目标，组织需要深入理解并遵循相关法规中对信息传输的具体要求和规范。这包括确保信息传输的每一个环节都符合法律要求，从而避免法律风险和潜在的法律责任。

个人信息传输的法律依据是确保信息处理合法性的核心。相关法规详细列出了信息传输的具体要求和规范，以确保信息在传输过程中不被滥用或泄露。法规要求组织在传输个人信息时，必须采取适当的技术和管理措施，保障数据的机密性和完整性。这不仅包括对信息传输渠道的加密，也涉及对信息传输过程的严格监控和管理。通过遵循这些法律依据，组织可以有效地降低数据泄露的风险，并提高用户对信息处理的信任度。

信息传输的安全标准是法律规定中不可或缺的一部分，强调在传输过程中必须采取的技术和管理措施，以保障数据的机密性和完整性。安全标准通常包括加密技术、访问控制和数据完整性验证等措施。这些技术措施不仅能防止未经授权的访问，还能确保数据在传输过程中不被篡改。此外，管理措施如定期的安全审计和风险评估也是确保信息传输安全的重要手段。通过严格遵循这些安全标准，组织可以有效地保护用户的个人信息，避免数据泄露事件的发生。

信息主体的知情权是法律规定的重要组成部分，确保用户在个人信息被传输前得到充分告知。法律要求组织在传输用户个人信息之前，必须明确告知用户传输的目的、范围及可能的风险。这一要求不仅体现了对用户隐私的尊重，也增强了用户对信息处理的透明度和信任度。通过确保用户的知情权，组织可以在法律框架内合规地进行信息传输，同时也能提高用户对组织信息处理实践的信任。

跨境数据传输的合规要求是个人信息传输法律合规性中的一项复杂内容。不同国家或地区的法律法规和国际标准对跨境数据传输有着不同的规定。组织在进行跨境数据传输时，必须了解并遵循这些法律法规，以确保传输的合法性和合规性。这不仅涉及对不同法律体系的理解和适应，也需要组织在实践中灵活运用相关法律条款，以确保数据传输的顺利进行和法律责任的最小化。

（二）信息传输的合规性检查

信息传输的合规性检查是确保个人信息在传输过程中符合法律法规要求的重要步骤。个人信息传输的法律依据应明确，包括国家和地区的相关法规及行业标准，以确保传输行为的合法性。信息传输的合规性不仅涉及法律层面的要求，还包括技术和管理措施的落实。各国在个人信息保护方面的法律法规存在差异，企业在进行信息传输时，必须明确遵循相关的法律框架，以避免潜在的法律风险。

在进行信息传输时，必须建立有效的安全标准，涵盖数据加密、传输通道保护等技术措施，以防止数据泄露和篡改。现代信息技术的发展使得数据传输变得更加便捷，但同时也带来了更多的安全隐患。数据加密技术可以有效地保护信息的机密性，而传输通道的安全保护则是防止数据在传输过程中被截获或篡改的关键。组织需要根据自身的业务特点和风险评估结果，选择合适的安全技术措施，确保信息传输的安全性。

信息主体的知情权应得到保障，组织需在信息传输前告知用户传输的目的、范围及可能的风险，增强透明度。这不仅是合规的要求，也是对用户隐私权的尊重。信息主体有权了解其个人信息被如何使用和传输，组织应通过清晰的隐私政策和用户协议，确保用户在知情的情况下同意信息的传输。透明的信息传输流程有助于增强用户对组织的信任，提高用户满意度。

跨境数据传输须遵循特定的合规要求，包括目的地国家的法律法规及国际标准，确保数据的合法流动。随着全球化进程的加快，跨境数据传输已经成为许多企业日常运营的一部分。然而，不同国家和地区对数据保护的法律要求各异，企业在进行跨境数据传输时，必须了解并遵守目的地国家的法律法规，同时参考国际标准，以确保数据传输的合规性和安全性。

（三）违规传输的法律责任

在现代信息社会中，个人信息的传输过程须严格遵循法律法规，以防止违规行为的发生。违规传输个人信息的法律责任是多方面的，首先包括经济上的罚款。根据相关法律规定，若组织未能遵守个人信息保护的法律要求，可能会被处以高额罚款。罚款的数额通常根据违规行为的严重程度和影响范围来确定，以此促使企业加强合规管理。其次，违规传输行为还可能导致对受害者的经济赔偿。受影响的个人有权要求赔偿，以弥补因信息泄露或滥用而遭受的损失。赔偿金额同样依据受害者所遭受的具体损害来评估。

违规传输不仅在经济上对组织造成影响，还可能引发监管机构的调查和审查。此类调查不仅涉及对违规行为的查证，还可能扩展到对组织整体信息管理体系的审查，从而影响企业的声誉和业务运营。监管机构的介入通常伴随着严格的审计和整改要求，组织须投入大量资源进行合规改进。此外，信息主体对违规行为有投诉权，相关机构须依法处理这些投诉，并可能要求停止违规行为。这种投诉机制不仅保护了信息主体的权益，也促使企业在信息管理上更加谨慎和透明。

违规传输个人信息可能导致信息泄露或滥用，进而引发民事责任。组织需对因信息泄露而给信息主体造成的损害承担责任。这种民事责任通常表现为经济赔偿，用以弥补信息主体因隐私权受损而遭受的实际损失。民事责任的承担不仅是对受害者的补偿，也是对违规组织的惩戒，促使其在未来的信息管理中更加重视合规性。同时，严重的违规行为可能导致刑事责任。若违规传输导致重大信息泄露，责任人可能面临刑事处罚，包括罚款和监禁等法律后果。

二、数据加密与匿名化技术

（一）常用的数据加密技术

常用的数据加密技术在信息安全领域扮演着至关重要的角色。数据加密技术通过将明文转化为密文的过程，确保数据在传输过程中的机密性和安全性。当前，数据加密技术主要分为对称加密和非对称加密两大类。对称加密技术以其高效的加密速度被广泛应用于大数据量的传输中，而非对称加密技术则因其在密钥管理上的优势被广泛用于安全性要求更高的场景中。此外，哈希函数作为一种特殊的加密技术，不仅用于数据加密，还在数据完整性保护中发挥着重要作用。

对称加密技术的特点在于加密和解密使用相同的密钥，这使得其在数据传输中的速度优势显著。常用的对称加密算法包括 DES、AES 等，它们在处理大量数据时表现出色。然而，对称加密也面临密钥管理的挑战，尤其是在多用户环境中，如何安全地分发和存储密钥成为关键问题。对称加密技术通常应用于需要高效数据处理的场景，如视频流传输和数据库加密等，其高效性和安全性使其成为数据加密的首选方案。

非对称加密技术则通过公钥和私钥的组合实现数据加密和解密。其基本原理是利用数学难题来确保加密的安全性，这使得非对称加密在密钥管理上具有天然的优势。常见的非对称加密算法包括 RSA、ECC 等，它们广泛应用于电子商务和数字签名中。非对称加密技术的优势在于无须安全地传输密钥，这有效地解决了对称加密中的密钥分发问题。然而，其加密速度较慢，因此通常与对称加密结合使用，以兼顾速度和安全性。

哈希函数在数据完整性保护中起着至关重要的作用。它通过将任意长度的数据映射为固定长度的散列值，确保数据在传输过程中的完整性。常见的哈希算法有 SHA256、MD5 等。哈希函数的应用场景包括数字签名、数据校验等，通过对比散列值，可以快速检测数据是否被篡改。尽管哈希函数并不直接用于数据加密，但其在确保数据完整性和真实性方面的作用不可忽视。

在数据加密过程中，密钥管理的重要性不容小觑。密钥作为加密和解密的核心，直接影响数据的安全性。密钥管理涉及密钥的生成、分发、存储和销毁等多个环节，任何一个环节的疏忽都可能导致数据泄露。因此，建立完善的密钥管理机制，如使用密钥管理系统，是确保数据加密安全性的关键。密钥管理不仅在技术上需要高水平的支持，更需要在制度上得到保障，以应对不断变化的安全威胁。

（二）数据匿名化的方法与技术

数据匿名化是通过去除或修改个人信息中的识别因素，使得数据无法直接关联到特定个人的过程。在数字时代，随着信息技术的飞速发展，数据匿名化技术逐渐成为个人信息保护的重要手段。其核心在于通过技术手段降低数据的可识别性，从而在不影响数据使用价值的前提下，保护个人隐私。这不仅关乎技术实现，更涉及法律合规与伦理考量。

数据匿名化定义为将个人信息处理为无法识别的信息主体的技术过程。其重要性在于，匿名化后的数据在法律上不再被视为个人信息，从而降低了数据泄露的风险和企业的合规压力。匿名化技术的有效应用能够在数据共享和隐私保护之间找到平衡，尤其在大数据和人工智能应用中，匿名化技术成为保障数据利用与个人隐私的关键。

常见的数据匿名化技术包括数据扰动、数据遮蔽和数据聚合。数据扰动通过添加噪声或修改数据值来降低数据的可识别性；数据遮蔽则通过隐藏或删除敏感信息来保护隐私；数据聚合将个体数据整合为群体数据，减少个体识别的可能性。这些技术各有优劣，须根据具体应用场景选择合适的方法，以达到最佳的匿名化效果。

在数据匿名化过程中，遵循相关法律法规和伦理原则至关重要。法律法规为匿名化实践提供了框架和指导，确保信息主体的权益不受侵害。伦理原则则强调保护信息主体的尊严和自主权，要求在数据处理过程中保持透明和公正。遵循这些原则不仅是合规的要求，也是企业社会责任的体现，确保数据处理过程的合法性和道德性。

数据匿名化的实施包括多个步骤，首先是数据选择，确定需要匿名化的数据集；其次是数据处理，通过技术手段实现匿名化；最后是验证，评估匿名化效果，确保数据无法反识别。每个环节都须谨慎操作，以保证匿名化的有效性和数据的实用性。在实施过程中，应持续监测和调整，以应对技术和法律环境的变化。

（三）加密与匿名化的效果对比

加密与匿名化技术在个人信息保护中的应用各有其独特的优势和局限。加密技术主要通过在数据传输和存储过程中提供机密性，确保只有授权用户能够访问和解读信息，进而保护数据的安全性和完整性。与之相比，匿名化技术则通过去除或模糊化个人身份信息，使得数据无法与特定个体直接关联，从而在不同的应用场景中保护用户的隐私。尽管两者都旨在提高数据保护水平，但其实现的方式和效果存在显著差异。

在未授权访问的情况下，加密技术能够确保数据的完整性和可用性，即使数据被截获，未经授权的访问者也无法读取或篡改数据。然而，匿名化处理后的数据可能在某种程度上丧失原有的可用性，特别是在需要进行深度分析和精确决策的场景中，这种损失可能会限制数据的使用价值和分析深度。匿名化技术的这一特点在保护隐私的同时，也带来了数据处理和利用的挑战。

加密技术的实施通常需要复杂的密钥管理，以确保数据的安全性。密钥的安全性直接影响到加密技术的有效性，一旦密钥泄露，数据的安全性将面临极大的风险。相比之下，匿名化技术并不依赖密钥管理，这在一定程度上降低了技术实施的复杂性。然而，匿名化的实现需要在数据的隐私保护和使用价值之间进行权衡，特别是在大数据处理的场景中，如何在保证隐私的同时最大化数据的利用率，是一个亟待解决的问题。

加密技术在数据泄露事件中能够提供一定的保护，即使数据被截获，未经授权的访问者也无法解读数据内容，这为数据的安全提供了一道重要防线。而匿名化技术则通过使数据无法识别个人身份，即便数据被泄露，也能在一定程度上保护用户的隐私。然而，成功的匿名化实施需要确保数据无法被重新识别，这要求在技术上进行严谨的设计和实施，以防止反识别攻击。

三、传输过程中的访问控制措施

（一）访问控制的基本原则

访问控制的基本原则在个人信息传输的安全保障中扮演着至关重要的角色。该原则旨在确保只有经过授权的人员能够访问特定的信息资源，从而有效地防止未经授权的访问和潜在的信息泄露风险。访问控制的设计应遵循必要性和适当性原则，确保访问权限的分配与用户的职责和任务相匹配。通过严格的身份验证和授权过程，访问控制机制能够为信息系统提供第一道防线，有效地保护个人信息的安全与隐私。

最小权限原则是访问控制的重要组成部分，旨在确保用户仅能访问完成其工作所需的信息，从而降低信息泄露的风险。该原则要求对每个用户的访问权限进行精确的定义和限制，以防止不必要的权限扩散和潜在的安全威胁。通过对权限的严格管理，最小权限原则能够有效减少信息系统的攻击面，使得即使某个账户被攻破，攻击者也无法获取超出该用户权限范围的信息。这一原则的实施需要与组织的业务流程紧密结合，确保在保障安全的同时不影响正常的业务运作。

在RBAC模型中，用户的访问权限与其在组织中的角色直接相关，这不仅简化了权限管理的复杂性，还提高了系统的可管理性和灵活性。通过将权限与角色绑定，RBAC能够快速响应组织结构的变化和用户角色的调整，从而保持权限管理的动态适应性。这种策略在大型组织中尤为重要，因为它可以有效地减少权限分配的错误和不一致性，增强整体信息安全性。

动态访问控制机制是一种依据用户的实时行为和环境变化自动调整访问权限的创新方法。这一机制利用先进的技术手段，如行为分析和环境感知，实时监控和评估用户的活动和环境参数，以便在必要时动态调整其访问权限。这种灵活的权限管理方式不仅提高了数据保护的灵活性，还能够有效应对不断变化的安全威胁和业务需求。通过动态访问控制，组织可以实现对个人信息的更精细化的保护，确保在不同的情境下都能提供适当的安全保障。

访问控制的审计和监控要求是确保系统安全性和合规性的重要措施。通过定期记录和分析用户访问行为，组织可以及时发现并应对潜在的安全威胁。审计过程包括对访问日志的收集、存储和分析，以识别异常活动和未授权的访问尝试。监控系统则通过实时警报和报告机制，帮助安全团队迅速响应安全事件。通过这些措施，组织不仅能够提高安全事件的检测和响应能力，还能为事后调查和取证提供有力支持，确保个人信息的安全传输。

（二）访问控制的技术手段

访问控制的技术手段在个人信息传输的安全保障中扮演着至关重要的角色。这些技术手段不仅能够有效地限制未授权用户的访问，还可以在信息传输过程中提供多层次的保护。通过对访问权限的精细化管理，确保敏感信息仅在授权范围内流通，从而降低信息泄露的风险。在当前复杂的网络环境中，访问控制技术的应用已成为信息安全策略中的核心组成部分。

RBAC 通过定义用户的角色来分配访问权限，确保信息仅对相关人员开放。具体而言，RBAC 根据用户的职能或职责分配相应的权限，从而限制信息的访问范围。这种方法不仅简化了权限管理的复杂性，还显著降低了信息泄露的风险。通过角色的划分，企业能够更有效地管理和控制信息的访问权限，确保信息安全。

ACL 通过明确列出哪些用户或系统可以访问特定资源及其操作权限来提高信息安全性。它为每个资源定义了一个访问权限列表，确保只有在 ACL 中授权的用户才能访问该资源。这种机制的优势在于其灵活性和精细化的控制能力，使得信息安全管理更加透明和可控。在信息传输过程中，ACL 的应用可以有效防止未经授权的访问。

MFA 通常结合多种验证手段，如密码、生物识别、短信验证码等，以确保用户身份的真实性。通过增加身份验证的层级，MFA 有效地提高了数据的安全性，特别是在面对复杂的网络攻击时，其多层次的防护策略显得尤为重要。MFA 的实施为信息传输过程中的安全保障提供了坚实的基础。

访问权限审计与监控工具通过实时记录和分析用户访问行为，及时发现并响应潜在的安全威胁。这些工具能够对用户的访问轨迹进行详细的记录和分析，从而为信息安全管理提供科学的数据支持。通过对访问行为的持续监控，企业可以迅速识别异常活动并采取相应的措施。这种实时的审计与监控机制，不仅提高了信息安全管理的有效性，还为信息安全事件的追溯提供了重要依据。

（三）访问控制的效果评估

在个人信息传输过程中，访问控制的效果评估是确保信息安全的重要环节。访问控制策略的有效性评估，需要检查访问权限设置是否符合最小权限原则。最小权限原则要求每个用户只能访问其工作所需的最少信息。这一原则的实施可以有效减少未经授权的访问，从而降低信息泄露的风险。在评估过程中，需对各个访问权限的设定进行详细审查，确保其合理性和必要性。通过系统化的评估，可以发现和修正权限设置中的漏洞，提升整体安全性。

通过对用户访问行为的审计分析，可以识别潜在的安全威胁和不当访问行为。审计分析不仅包括对用户访问记录的查看，还涉及对异常访问模式的识别和分析。通过先进的数据分析技术，能够及时发现异常行为，并采取相应的应对措施。这种审计分析不仅有助于防患未然，还可以在安全事件发生后提供详细的追踪记录，为事件的调查和处理提供支持。通过审计分析，可以持续优化访问控制策略，增强系统的安全防护能力。

对访问控制技术实施的效果进行量化评估是确保其有效性的另一重要步骤。量化评估可以通过统计减少数据泄露事件的发生率来进行。通过对比实施访问控制技术前后的数据泄露事件数量，可以直观地了解其效果。同时，量化评估还可以包括对未授权访问尝试次数的统计，从而进一步评估访问控制的防护水平。通过这些量化指标，能够客观地衡量访问控制措施的成效，为后续的策略调整提供数据支持。

评估访问控制系统的响应时间和处理效率也是效果评估的重要组成部分。响应时间和处理效率直接影响到系统在面对安全事件时的应对能力。一个高效的访问控制系统应能在最短的时间内识别和处理异常访问请求，防止安全事件的扩大化。通过对系统响应时间和处理效率的评估，可以发现潜在的性能瓶颈，并进行相应的优化，以确保系统在高负载下仍能保持高效运行。

第三章　个人信息泄露与侵权的法律责任

第一节　个人信息泄露的界定与分类

一、个人信息泄露的定义与特征

（一）基本定义

个人信息泄露是指个人的敏感信息在未经授权的情况下被第三方获取、使用或传播的行为。这一行为的基本定义强调了信息的私密性和个人隐私权的重要性。个人信息泄露的特征主要包括信息的私密性、易受攻击性以及对个人隐私权的潜在威胁。信息的私密性意味着个人信息通常包含个人身份、财务状况、健康记录等敏感内容，一旦泄露，可能会对个人生活产生深远影响。易受攻击性是指在数字化时代，信息存储和传输的环境复杂多变，个人信息容易成为网络攻击的目标。此外，个人信息泄露对个人隐私权构成潜在威胁，可能导致信息主体失去对其信息的控制权，进而影响个人的生活质量和安全感。

个人信息泄露可以根据泄露的方式分为主动泄露和被动泄露。主动泄露是指个人主动分享信息而导致的泄露，如在社交媒体上公开个人数据，而未考虑到信息可能被恶意使用。被动泄露则是指信息在不知情的情况下被他人获取，这种情况多发生于数据泄露事件、黑客攻击或系统漏洞等情境中。无论是主动还是被动泄露，其结果都可能导致个人财产损失、名誉受损以及心理上的恐慌与不安。个人财产损失可能体现在银行账户被盗用、信用卡被恶意消费等方面；名誉受损则可能因隐私信息被公开而影响个人社会形象；心理上的恐慌与不安则源于信息泄露后，个人对自身信息安全的担忧和对未来不确定性的恐惧。

（二）主要特征

个人信息泄露具有一些显著的特征，这些特征使得它成为现代社会中一个极为严峻的问题。个人信息泄露的不可逆性是一个关键特征。一旦个人信息被泄露，便很难完全恢复或控制。这种不可逆性不仅使得受害者面临长期的隐患，也给法律层面的追责和补救带来了极大的挑战。例如，身份信息一旦被盗用，可能会导致长期的信用问题，这种问题往往需要数年才能解决，甚至可能永远无法完全消除。

个人信息泄露的广泛性也不容忽视。个人信息的泄露涉及多个领域，包括社交媒体、电子商务、金融服务等，这些领域几乎覆盖了现代人生活的方方面面。由于这些信息交织在一起，任何一个环节的信息泄露都可能导致连锁反应，影响到个人的生活、工作甚至社会关系。例如，在电子商务平台上的信息泄露，可能会导致个人的购买记录、支付信息被非法获取，进而引发一系列的经济损失和隐私侵害。

个人信息泄露的多样性也是一个重要特征。泄露的方式可以是技术性攻击，如黑客入侵和恶意软件攻击；也可以是社交工程攻击，如通过欺骗手段获取个人信息；甚至可能是由于内部管理不善，如员工的失误或故意泄露。这种多样性使得防范个人信息泄露变得极为复杂，因为每种泄露方式都需要不同的防范措施和应对策略。

个人信息泄露的后果严重性使其影响深远。泄露事件可能引发身份盗用、财务损失、情感伤害等多种负面影响，对个人的生活质量和心理健康造成巨大的冲击。身份盗用可能导致个人被卷入法律纠纷，财务损失则可能影响到个人的经济状况和信用记录，而情感伤害则可能对个人的社交关系和精神状态造成长期的负面影响。这些后果不仅影响到个人，还可能对社会的稳定和安全构成威胁。因此，了解和应对个人信息泄露的主要特征对于制定有效的法律和技术保护措施至关重要。

二、个人信息泄露的常见类型

（一）数据泄露

数据泄露在当今数字化时代已成为广泛关注的议题。其定义与范畴涉及未经授权的情况下，个人信息被外部或内部人员非法获取、使用或传播的行为。数据泄露不仅是技术层面的问题，更涉及法律和伦理的考量。随着信息技术的迅猛发展，个人信息的收集和存储量急剧增加，数据泄露的风险也随之上升。数据泄露的定义明确了其非法性和未经授权的特征，使得法律界定和责任追究成为可能。

数据泄露的主要来源多种多样，最常见的包括黑客攻击、系统漏洞以及内部员工失误等。黑客攻击通常是通过技术手段入侵系统，获取大量个人信息；系统漏洞则是由于软件或硬件的不完善，使得不法分子能够轻易获取敏感数据；而内部员工失误则可能是由于缺乏安全意识或操作不当，导致信息泄露。这些来源不仅揭示了技术层面的挑战，也反映出组织管理和员工培训的重要性。

数据泄露的影响是深远而严重的。首先，它可能导致个人的财务损失，例如银行账户被盗用或信用卡信息被非法使用。其次，身份盗用问题也不容忽视，被泄露的信息可能被用于伪造身份，进行非法活动。此外，数据泄露对个人隐私权构成了严重侵犯，导致个人生活受到干扰，甚至可能造成心理上的伤害。因此，数据泄露不仅是个体的问题，也是社会和法律层面需要关注的重大议题。

为了有效防范数据泄露，采取综合性的防范措施至关重要。加强信息安全管理是基础，包括定期进行安全审计和风险评估。加密技术的应用是保护数据安全的有效手段，可以在信息传输和存储过程中提供额外的安全保障。此外，员工的安全意识培训也是不可或缺的，通过提升员工的安全意识和操作技能，可以减少人为失误导致的数据泄露风险。这些措施的结合可以在一定程度上降低数据泄露的发生率。

（二）身份盗用

身份盗用是个人信息泄露中最为常见且严重的类型。它的定义与特点在于他人未经授权使用个人身份信息进行欺诈或其他违法活动。通常，这类行为涉及诸如姓名、身份证号、银行账户等敏感信息，攻击者利用这些信息冒充他人进行非法操作。身份盗用不仅是一个技术问题，也是一个法律问题，因为它直接侵犯了个人的基本权利和隐私。随着信息技术的快速发展，身份盗用的复杂性和隐蔽性也在不断增加，使得防范和追踪更加困难。

身份盗用的常见方式包括网络钓鱼、恶意软件和社交工程等手段。网络钓鱼通常通过伪装成合法的电子邮件或网站来骗取个人信息；恶意软件则可能通过感染计算机系统来窃取数据；而社交工程则利用人们的信任和疏忽，通过电话、邮件等渠道获取敏感信息。这些手段的共同点在于它们都试图通过技术或心理手段获取他人信息，以便进行不法使用。了解这些方式有助于个人和机构提高警惕，采取有效的防护措施。

身份盗用的影响是多方面的，受害者可能面临财务损失、信用受损以及法律责任等多重后果。财务损失包括银行账户被盗、信用卡被滥用等直接经济损失；信用受损则可能导致个人信用评分下降，影响贷款和租赁等活动；而在某些情况下，受害者还可能被迫承担盗用者的违法行为所带来的法律责任。这些影响不仅是经济上的，也是心理和社会层面的，可能对受害者的生活造成长期困扰。

为了有效防范身份盗用，个人和机构可以采取多种措施。定期监控个人信用记录可以帮助及时发现异常活动；使用强密码和启用双重身份验证可以增加账户的安全性；此外，保持对钓鱼邮件和可疑链接的警惕也很重要。这些措施虽然不能完全杜绝身份盗用的风险，但可以大大降低其发生的可能性。随着技术的发展，防范手段也需要不断更新，以应对新出现的威胁。

在身份盗用事件中，法律责任的追究是维护受害者权益的重要途径。受害者可以通过法律途径追究盗用者的责任，包括民事赔偿和刑事追诉。在这一过程中，相关法律法规的适用至关重要。不同国家和地区对身份盗用的法律定义和处罚措施可能存在差异，因此，了解并利用本地法律资源是受害者维权的关键。

（三）网络钓鱼

网络钓鱼是现代信息安全领域中的一个重要威胁，其定义与机制在于攻击者通过伪装成合法实体，诱骗用户提供敏感信息，如用户名、密码和信用卡信息。这种攻击形式通常通过构建与真实网站或服务极为相似的虚假页面，利用用户对这些合法实体的信任，获取其个人信息。网络钓鱼的危害不仅限于个人隐私的泄露，还可能导致财务损失和身份盗用等严重后果。因此，了解网络钓鱼的运作机制是防范此类攻击的第一步。

网络钓鱼的常见形式多种多样，主要包括电子邮件钓鱼、短信钓鱼和社交媒体钓鱼等。这些不同形式的钓鱼攻击针对用户的不同接触渠道，旨在最大化攻击成功率。电子邮件钓鱼通常通过伪装成来自银行、知名公司或政府机构的邮件，诱导用户点击恶意链接或下载附件。短信钓鱼则通过发送包含恶意链接的短信，诱骗用户访问虚假网站。社交媒体钓鱼利用社交平台的即时性和广泛性，发布虚假信息以吸引用户上钩。了解这些形式有助于用户提高警惕，避免信息泄露。

攻击者在实施网络钓鱼时，常常使用心理操控策略来提高成功率。他们利用人类的信任和紧迫感，设计诱人的信息以引诱用户上当。例如，攻击者可能声称用户的账户出现异常活动，要求立即验证信息以避免账户被锁定。

此类信息通常伴随着紧迫的时间限制，使用户在情急之下忽视安全警觉。通过分析这些心理操控策略，用户可以更好地识别潜在的钓鱼攻击，保护自己的信息安全。

为了有效防范网络钓鱼，用户需要采取一系列措施，包括增强安全意识、使用反钓鱼软件和定期更新安全设置等。增强安全意识是防范的基础，用户应保持警觉，不轻易点击不明链接或提供个人信息。使用反钓鱼软件可以帮助识别并阻止钓鱼网站，提供额外的安全保障。此外，定期更新安全设置和软件补丁可以修补已知漏洞，进一步降低被攻击的风险。通过这些措施，用户可以显著减少成为网络钓鱼受害者的可能性。

三、个人信息泄露的风险评估

（一）风险识别

在现代信息社会中，个人信息的保护成为一个重要的法律和伦理问题。风险识别是个人信息保护中的首要步骤，涉及识别和分类需要保护的信息类型。个人信息包括但不限于姓名、联系方式、身份证号、财务信息等。这些信息一旦泄露，可能会给个人带来严重的经济损失和名誉损害。因此，明确识别哪些信息需要保护，是防止信息泄露的基础。这一过程需要对信息的敏感性及其潜在影响进行深入分析，以确保在保护措施上不留死角。

风险评估的另一个关键环节是识别信息泄露的潜在渠道。网络攻击、内部管理失误、社交工程等都可能成为信息泄露的源头。网络攻击通常通过恶意软件、钓鱼邮件等手段侵入系统，窃取个人信息。而内部管理失误则可能由于员工疏忽或内部控制不力导致信息外泄。社交工程则通过心理操控获取信息。因此，识别这些潜在的风险源对于制定有效的防护策略至关重要。只有全面了解信息泄露的渠道，才能有针对性地采取防范措施。

信息泄露可能带来的后果也需要进行详细分析。经济损失可能表现为直接的财务损失或间接的商业机会损失。名誉损害则可能导致个人或企业社会形象的损坏，进而影响其社会和经济活动。此外，信息泄露还可能引发法律责任，导致法律纠纷和赔偿要求。因此，评估信息泄露的严重性是风险管理的重要组成部分。通过对后果的分析，可以更好地理解风险的潜在影响，从而制定更为有效的应对策略。

为了及时发现潜在的泄露风险，监测个人信息的使用情况是必不可少的。通过监测，可以识别信息是否被未经授权的第三方获取。这一过程需要借助技术手段，如数据加密、访问控制等，以确保信息在使用和传输过程中的安全性。监测不仅有助于及时发现问题，还可以为风险评估提供重要的数据支持，从而增强信息保护的整体效果。

（二）风险分析

风险分析在个人信息保护中扮演着至关重要的角色。通过建立全面的风险分析基本框架，可以有效涵盖识别、评估、监控和应对个人信息泄露的各个环节。这一框架的设计不仅需要考虑信息安全管理的系统性，还需确保其在实际操作中的有效性。系统性的管理意味着在信息生命周期的每个阶段，从收集、存储到处理和销毁，都需要有相应的安全措施和应急预案，以应对潜在的泄露风险。

在风险分析过程中，定量与定性评估方法的结合是关键。定量评估依赖数据统计，通过分析历史数据和当前安全状态，量化信息泄露的可能性与影响程度。定性评估则更多依赖专家判断，结合行业经验与专业知识，对风险进行全面的解读与预测。这种双管齐下的方法能够更准确地把握风险的全貌，为制定有效的风险管理策略提供科学依据。

利益相关者视角在风险分析中同样不可或缺。个人信息泄露事件往往涉及多个利益相关者，包括个人、企业和政府等。不同利益相关者在事件中的角色和责任各不相同，只有通过利益相关者的协作，才能有效应对信息泄露带来的挑战。企业需要建立透明的沟通机制，与政府监管部门和消费者保持良好的互动，以促进信息安全的多方协作。

技术手段是风险分析的重要支撑。现代信息技术的发展为信息保护提供了强有力的工具支持。通过数据分析工具与信息安全技术的应用，可以大幅提升对潜在风险的识别与监测能力。这些技术手段不仅能够实时监控信息流动，还能在风险发生前预警，从而为信息安全管理提供科技支撑。

（三）风险控制

在现代信息社会中，个人信息泄露的风险日益增加，风险控制成为企业和组织必须面对的关键任务。建立信息安全管理体系是风险控制的重要措施之一。

通过明确责任分工，确保各级管理人员对个人信息保护的重视与落实，可以有效提升整体信息安全水平。这种体系不仅需要技术的支持，还需要管理层的积极参与和全员的共同努力，以形成全方位的保护机制。通过责任的明确和管理的落实，能够在很大程度上降低信息泄露的可能性。

实施数据加密技术是保护个人信息安全的另一重要手段。加密技术能够确保敏感信息在存储和传输过程中的安全性，降低信息被非法获取的风险。在信息技术飞速发展的背景下，数据加密技术也在不断更新和进步，为信息安全提供了坚实的技术保障。通过对数据进行加密处理，即便信息在传输过程中被截获，也难以被解读，从而有效保护个人信息的机密性和完整性。

定期开展信息安全培训是提高员工对个人信息保护意识与技能的必要手段。信息泄露事件中，因人为失误导致的泄露占据了相当比例。通过系统化的培训，员工可以更好地理解信息保护的重要性，并掌握必要的技能以避免常见的安全漏洞。同时，培训也能帮助员工及时更新对新兴威胁的认识，确保在面对复杂多变的网络环境时，能采取正确的防护措施。

制订应急响应计划是确保信息泄露事件发生时能够迅速采取有效措施的关键。应急响应计划需要涵盖从信息泄露的发现、报告到处理的各个环节，确保在事件发生后能够迅速反应，降低损失并保护受害者权益。通过模拟演练和持续完善，应急计划可以成为应对突发事件的有力工具，帮助组织在危急时刻保持冷静和高效。

第二节 个人信息侵权的构成要件

一、个人信息侵权的法律定义

（一）个人信息侵权的概念

个人信息侵权是指在未经授权的情况下，非法获取、使用或传播他人个人信息的行为，这种行为直接侵犯了个人的隐私权和信息安全。这一概念在法律上具有重要的意义，因为它明确了哪些行为构成对个人信息的非法干预。个人信息侵权的构成要件主要包括三个方面：首先是侵权行为的存在，即必须有具体的行为表现出对他人个人信息的非法干涉；其次是受害人个人信息的合法权益被侵犯，这意味着受害人的信息在未经同意的情况下被不当使用或传播；最后是侵权行为与损害结果之间的因果关系，这要求证明侵权行为直接导致了受害人的损害结果。

法律对于个人信息侵权的后果也有明确的规定。根据侵权行为的性质和严重程度，侵权者可能面临民事赔偿、行政处罚甚至刑事责任。例如，严重的侵权行为可能导致侵权者被追究刑事责任，而较轻的侵权行为可能仅涉及民事赔偿。此外，受害者有权通过法律途径追究侵权者的责任，以维护自身的合法权益和个人信息安全。这种法律保护机制不仅是对受害者权利的保障，也是对潜在侵权者的警示，促使其在处理个人信息时更加谨慎。

（二）侵权与合法使用的界限

在个人信息保护领域，侵权与合法使用的界限是一个复杂而重要的法律问题。合法使用个人信息的前提是获得信息主体的明确同意。任何未经同意的使用均可能构成侵权，这一原则在全球范围内广泛适用。信息主体的同意不仅是合法使用的基础，也是保护其个人隐私权的重要手段。在实践中，获取同意的过程需要明确、具体，以确保信息主体充分理解其信息将被如何使用。信息主体的同意应是自愿的，并且在任何时候都可以撤回，这体现了对信息主体自主权的尊重。

在特定情况下，法律允许对个人信息进行合理使用，这通常是为了公共利益或履行法律义务。然而，这种合理使用必须遵循必要性和比例原则。必要性原则要求在处理个人信息时，必须确保所收集的信息是实现特定目的所必需的，而不应过度收集。比例原则则要求信息的使用方式与预期目的相称，不得对信息主体的权利和自由造成不当影响。这些原则的实施在不同国家可能会有细微差异，但其核心理念是一致的，即保护信息主体的基本权利。

合法使用个人信息的范围应明确界定，包括信息的收集、存储、处理和传播。任何超出约定范围的行为均可能被视为侵权。信息处理者在收集信息时，应明确告知信息主体其信息将被如何使用，并确保其使用方式在信息主体的合理预期范围内。信息存储和处理过程中，应采取适当的技术和组织措施，防止信息泄露或滥用。信息传播时，应确保接收方有合法使用该信息的权限，并遵循相应的法律法规。

二、个人信息侵权的主体要素

（一）侵权主体的界定

在个人信息侵权的法律框架中，侵权主体的界定是核心问题。侵权主体的法律定义，通常是指在个人信息侵权事件中，直接实施侵权行为的自然人或法人。其行为直接导致他人个人信息权益受损，因而需要承担相应的法律责任。法律上明确侵权主体的范围，有助于在信息泄露事件发生后，及时有效地追究责任，保护受害者的合法权益。无论是个人还是组织，一旦被认定为侵权主体，便需对其行为导致的损害承担法律责任。

侵权主体可分为个人侵权主体和组织侵权主体。个人侵权主体包括个人黑客、社交工程实施者等，他们往往通过技术手段或社会工程手段非法获取他人信息。组织侵权主体则包括企业、机构等法人，因管理不善或安全措施不到位而导致信息泄露。组织侵权主体的责任更为复杂，因为其行为可能涉及多个层级的管理失误或技术漏洞。无论是个人还是组织，一旦其行为被认定为侵权，均需承担相应的法律责任，包括可能的民事赔偿、行政处罚及刑事责任。

侵权主体的责任承担是法律追责的重要环节。根据侵权行为的性质，侵权主体需承担相应的法律责任。民事赔偿是最常见的责任形式，旨在补偿受害者因侵权行为遭受的损失。行政处罚则用于对违规行为进行惩戒，防止类似事件再次发生。而在严重情况下，侵权主体可能面临刑事责任，这不仅是对其行为的严厉惩罚，也是对社会的警示。法律责任的具体形式和程度，取决于侵权行为的性质和后果。

侵权主体的识别标准是法律实践中的关键步骤。依据法律规定，判断侵权主体是否具备合法资格及行为能力，确保其能够承担相应的法律责任。识别标准通常包括行为的故意性、损害的实际性以及因果关系的明确性。通过这些标准，法律能够有效区分侵权行为与合法行为，保护个人信息的安全。识别侵权主体的过程，往往需要结合技术分析和法律判断，以确保结果的准确性和公正性。

（二）责任主体的认定

责任主体的认定在个人信息侵权案件中至关重要。法律上，责任主体是指在侵权行为中需要承担法律责任的个人或组织。责任主体的认定不仅影响到侵权行为的法律后果，还关系到受害者的权益保护与救济。明确责任主体的身份，是追责的前提条件。法律要求对责任主体的身份进行详细审查，以确保其具备实施侵权行为的能力和资格。这种审查包括对自然人或法人的身份合法性的确认，确保他们在法律上有能力承担后果。责任主体的认定直接影响到法律责任的承担，因而在法律程序中具有关键作用。

侵权主体的法律资格是责任主体认定的基础。法律资格不仅指主体在法律上的身份确认，还包括其是否具备实施侵权行为的能力。例如，自然人是否具有完全民事行为能力，法人是否在其经营范围内实施了相关行为。这种资格的认定帮助法院和执法机构判断侵权行为的合法性和有效性。在法律实践中，侵权主体的资格认定通常涉及复杂的法律分析和事实调查，以确保责任的公正分配。法律资格的确认是确保侵权行为得到公正处理的前提。

侵权行为的直接性是判断责任主体的重要因素。在个人信息侵权案件中，直接性指的是责任主体是否直接实施了非法获取、使用或传播个人信息的行为。直接性判断要求对侵权行为的发生过程进行详细分析，以确定责任主体的行为是否构成侵权。通过分析侵权行为的直接性，可以明确责任主体的责任范围，从而为法律责任的分配提供依据。这一判断过程需要结合具体的案例事实，综合考虑行为的性质和后果。

侵权主体的主观恶意是影响责任轻重的关键因素。在法律责任的认定中，主观恶意指的是侵权主体在实施侵权行为时的故意或过失。故意意味着侵权主体明知其行为会导致侵权后果仍然实施，过失则指其未尽合理注意义务而导致侵权。主观恶意的存在程度直接影响到法律责任的轻重，故在法律程序中需对侵权主体的主观状态进行详细分析。通过对主观恶意的判断，可以更准确地确定侵权主体应承担的法律责任。

侵权行为的时间性是界定法律责任的重要考量因素。时间性涉及侵权行为发生的具体时间点，这不仅影响到法律责任的界定，也关系到适用的法律法规。法律通常对不同时间段的侵权行为适用不同的法规，因此明确侵权行为的时间性对于法律责任的确定具有重要意义。通过分析侵权行为的时间性，可以确保法律责任的分配符合当时的法律规定，保障法律的严肃性和公正性。

（三）主体间的法律关系

主体间的法律关系在个人信息侵权中扮演着关键角色，涉及个人信息主体与信息处理者之间的权利与义务。信息处理者在收集和使用个人信息时，必须遵循一系列的信息保护原则，如合法性、透明性和目的明确性。这些原则不仅是信息处理者的行为准则，也构成了信息主体维护自身权利的法律基础。在信息经济快速发展的背景下，明确信息处理者的法律责任有助于保护个人信息主体的合法权益，防止信息滥用和侵权行为的发生。

个人信息的侵权行为还涉及侵权主体与受害者之间的法律关系，受害者有权追求赔偿和救济。根据法律规定，侵权主体需承担相应的法律责任，包括经济赔偿和行为纠正。在实践中，受害者可以通过法律途径要求侵权主体停止侵权行为、消除影响、恢复名誉和赔偿损失。这一法律关系的建立，为个人信息主体提供了重要的法律保障，确保其在遭遇信息侵权时能够获得有效的法律救济。

在多方参与的情况下，主体间的法律关系可能涉及连带责任，这就需要明确各方在个人信息泄露事件中的法律责任和赔偿义务。连带责任的适用，通常基于各方在信息处理过程中的过错程度和行为性质。在信息技术高度集成的环境下，信息处理者、第三方服务提供商以及其他相关方之间的法律关系变得更加复杂，要求各方在合同中明确各自的责任和义务，以避免在发生信息泄露事件时出现责任不清的局面。

法律关系的建立与解除取决于信息使用的合法性，未经授权的信息处理行为将导致侵权关系的产生，影响主体间的信任和合作。信息处理者在处理个人信息时，必须获得信息主体的明确授权，并在授权范围内进行操作。未经授权的信息处理，不仅构成对信息主体权利的侵犯，也可能导致法律关系的破裂，影响信息处理者的商业信誉和市场竞争力。因此，信息处理者需严格遵循法律法规，确保信息使用的合法性。

三、个人信息侵权的客体要素

（一）信息类型

个人信息侵权的客体要素中，信息类型是一个核心概念。个人身份信息的定义是指那些能够直接识别个人身份的基本信息，如姓名、身份证号、出生日期等。这些信息构成了个人身份的基本特征，属于最基础的可识别信息类别。在法律保护的框架下，这些信息的泄露可能导致身份盗窃、信用欺诈等严重后果，因此在个人信息保护立法中受到严格的保护和规范。国内外法律体系对此类信息的界定和保护力度各有不同，但均强调其重要性和敏感性。

财务信息的类型则涵盖了与个人经济状况相关的各类信息，包括银行账户、信用卡信息、收入水平等。这些信息不仅涉及个人的财务安全，还可能影响到其经济活动的正常进行。财务信息的泄露可能导致经济损失，甚至是更为严重的财务欺诈行为。因此，法律在保护个人财务信息方面，通常会设定严格的监管要求和技术标准，以防止未经授权的访问和使用。

健康信息的分类涉及个人的医疗记录、病历、药物使用情况等。这类信息关乎个人的身体健康和隐私，具有高度的敏感性。健康信息的泄露可能影响到个人的社会地位、就业机会以及保险权益。因此，法律对健康信息的保护通常要求更高的保密性和安全性措施。历史背景显示，随着数字化医疗的普及，健康信息的保护成为一个全球关注的议题，各国在立法上也不断进行调整和完善。

通信信息的范畴则包括电话号码、电子邮件地址、社交媒体账号等，这些信息关系到个人的社交网络和联系渠道。通信信息的泄露可能导致骚扰、诈骗等问题，影响个人的生活质量和安全。法律在保护通信信息方面，通常要求明确的同意机制和使用目的的限制，以保障个人的通信自由和隐私权。

（二）信息敏感性

信息敏感性是指个人信息对个体隐私权的影响程度。随着信息技术的迅猛发展，敏感信息的界限愈发模糊，信息泄露的后果也愈加严重。信息的敏感性直接决定了信息泄露可能带来的影响，越敏感的信息，其泄露对个体隐私权的侵害越大。例如，身份信息、财务信息、健康信息和行为数据等都属于敏感信息的范畴。这些信息一旦泄露，可能会导致身份盗用、财务损失等一系列风险，给个人带来不可估量的损害。因此，如何有效识别和保护敏感信息，成为信息保护领域的重要课题。

敏感信息的分类不仅限于上述几类，还涉及法律保护的强度。某些敏感信息，如医疗记录，在法律上享有更高的保护地位。这意味着法律对其收集和使用有严格的限制，以防止不当使用或泄露。法律的严格保护不仅是对个体隐私权的保障，也是对信息主体尊严和安全的维护。在法律框架内，信息敏感性成为制定相关法规和政策的关键考虑因素，直接影响法律责任的认定和追究。

信息敏感性与个体的社会背景和文化认知密切相关。不同文化对信息敏感性的认知和接受度存在显著差异。某些信息在某些文化中可能被视为高度敏感，而在其他文化中则可能不被重视。这种文化差异要求在制定全球信息保护政策时，需考虑各国的文化背景和社会习惯，以实现更具包容性和适应性的法律框架。这种差异性影响了信息保护的国际合作和法律适用的普遍性。

在数字环境中，信息敏感性随着技术的发展而不断变化。新的数据收集和处理方式可能导致传统敏感信息界限的模糊化。例如，随着大数据和人工智能技术的应用，行为数据的收集和分析能力大大增强，导致一些原本不被认为是敏感的信息也可能对个体隐私权构成威胁。技术的进步使得信息保护面临新的挑战，需要不断更新法律法规以适应这种变化，确保个体隐私权在数字时代得到有效保护。

（三）信息的法律保护

信息的法律保护在现代社会中扮演着至关重要的角色。随着数字技术的迅猛发展，个人信息的收集和使用变得越来越普遍，这也带来了信息泄露和侵权的风险。因此，法律保护机制的建立旨在确保个人信息在收集、处理和存储过程中的安全性和合规性。特别是在全球化的背景下，各国纷纷制定了相关法律法规，以应对信息安全的挑战，保护公民的隐私权和数据安全。

个人信息法律保护的基本原则包括合法性、正当性和必要性。这些原则要求信息的收集和使用必须符合相关法律法规的要求，确保个人信息的处理过程透明、可控，并且仅限于特定目的。合法性原则强调信息处理的合法依据，正当性原则确保信息处理的合理性，而必要性原则则限制信息收集的范围和程度。这些原则共同构成了个人信息保护的基础，指导各方在信息处理活动中遵循法律规定。

对敏感个人信息的特殊保护措施尤为重要。法律规定对身份信息、健康信息等高敏感性信息的收集、处理和存储需遵循更严格的标准。这些信息一旦泄露，可能对个人造成严重的后果，因此法律要求在处理这些信息时需采取更高的安全措施，如加密、匿名化处理等。同时，法律也规定了处理这些信息的特殊条件和程序，以确保在保护个人隐私的同时，不影响信息的合法使用。

个人信息保护的法律救济机制为受害者提供了在信息泄露或侵权事件中追求赔偿和救济的途径。法律通过规定责任主体、赔偿标准和诉讼程序，确保受害者能够有效维护自身权益。这些机制不仅为个人提供了法律保障，也对信息处理者形成了法律约束，促使其在信息处理活动中更加谨慎，遵循法律规定，避免侵权行为的发生。

数据保护影响评估的法律要求是企业在处理个人信息前必须进行的步骤。通过影响评估，企业可以识别潜在风险并采取必要的保护措施，从而降低信息泄露和侵权的可能性。这一过程不仅有助于企业遵守法律要求，还能提高其信息安全管理水平，增强公众对其信息处理活动的信任，促进企业的可持续发展。

四、个人信息侵权的行为要素

（一）行为的主观要件

在个人信息侵权行为的构成中，行为的主观要件是一个关键因素。主观故意是指侵权主体在实施个人信息侵权行为时，明知其行为可能侵犯他人权益，但仍然故意进行该行为的心理状态。这种故意行为通常表现为侵权主体在获取或使用他人个人信息时，已经预见到可能对他人造成的隐私侵害，但由于某种动机，如经济利益或恶意报复，仍然选择实施该行为。这种主观故意的认定，需要从侵权主体的心理状态及其行为动机中进行分析，以明确其在行为实施时是否存在故意的心理因素。

主观过失则是指在个人信息侵权行为中，侵权主体未能采取合理的注意义务，导致他人权益受到侵害的心理状态。过失行为通常发生在侵权主体缺乏足够的信息保护意识和法律意识的情况下，其未能预见到其行为可能导致的侵权后果。过失的认定需要结合侵权主体在行为实施时的认知水平，考查其是否具备必要的注意义务和信息保护意识。这种认定不仅涉及对侵权主体行为的客观分析，还需深入理解其在实施行为时的主观认识和态度。

侵权主体的动机对其行为性质的影响也不容忽视。出于经济利益、恶意报复或其他不正当目的进行个人信息的非法获取或使用，往往会加重行为的侵权性质。这些不当动机不仅反映了侵权主体在行为实施时的主观恶意，还可能在法律责任的认定中起到重要作用。因此，在分析个人信息侵权行为时，必须全面考量侵权主体的动机，以便准确评估其行为的法律责任。

主观要件的认定过程中，还需考虑侵权主体在行为实施时的认知水平，包括其对个人信息敏感性的认识。侵权主体是否理解其行为对他人隐私权的潜在影响，是判断其主观要件的重要依据。具备足够的信息保护意识和法律意识的主体，应当能够预见到其行为可能带来的隐私风险，并采取相应的防范措施。

(二) 行为的客观表现

行为的客观表现是指在个人信息侵权案件中，必须明确侵权行为的具体形式和方式。未经同意的个人数据收集和处理是个人信息侵权行为的直接表现。这种行为通常表现在企业或个人在未获得信息主体明确授权的情况下，擅自收集、存储、处理或使用个人数据，导致信息泄露或滥用。此类行为不仅违反了信息主体的知情权和同意权，还可能引发严重的隐私侵害问题。在法律层面上，这种未经授权的数据处理行为被视为对个人信息保护法律的直接违反，信息主体有权要求停止侵害、删除数据及赔偿损失。

信息传播的方式是个人信息侵权的另一重要表现。通过社交媒体、网站或其他数字平台非法分享他人个人信息，构成对个人隐私的侵犯。此类行为不仅可能导致个人信息被广泛传播，还可能引发信息主体遭受进一步的经济或名誉损失。信息传播方式的多样化和数字平台的普及，使得信息泄露的风险大大增加。法律要求信息处理者在传播信息时，必须严格遵守相关法律法规，确保信息主体的知情和同意，以避免对个人隐私造成不必要的伤害。

利用技术手段进行的非法获取行为，如黑客攻击、恶意软件或网络钓鱼，也是个人信息侵权的表现之一。这些行为直接影响他人个人信息的安全性，甚至可能导致信息主体遭受经济损失或身份盗窃。技术手段的复杂性和隐蔽性，使得此类侵权行为难以防范和追踪。法律对此类行为采取严厉的打击措施，要求信息处理者加强技术防护，防止黑客入侵和数据泄露，并对违法者进行严厉的法律制裁，以维护信息主体的合法权益。

对个人信息进行商业化使用，如在未获得授权的情况下出售或租赁他人个人数据，破坏了信息主体的合法权益。这种行为通常出现在数据交易市场中，信息被当作商品进行交易，严重侵害了信息主体的隐私权和数据控制权。法律明确禁止未经授权的个人数据商业化行为，要求数据处理者在进行任何形式的商业化处理前，必须获得信息主体的明确授权，并遵循透明、公正的原则，以保护信息主体的合法权益。

(三) 行为的法律后果

个人信息侵权行为在法律上可能产生多重后果，对受害者和侵权者均有深远影响。首先，受害者可能会遭受经济损失。这些损失通常表现为身份盗用和信用卡欺诈等直接财务损失，严重影响受害者的日常生活和财务稳定。其次，身份盗用可能导致受害者的信用评分下降，进而影响其贷款和租赁等金融活动。信用卡欺诈则可能导致受害者无辜承担巨额债务，增加其经济负担。

受害者可以通过法律途径追求侵权者的民事赔偿，以弥补因信息泄露造成的损害。法律允许受害者要求赔偿直接经济损失，同时也包括精神损害赔偿。精神损害赔偿在个人信息侵权案件中尤为重要，因为信息泄露可能导致受害者长期的心理压力和不安。法院在判定赔偿金额时，会综合考虑侵权行为的性质、后果以及受害者的具体情况，以实现对受害者权益的全面保护。

侵权行为还可能引发行政责任。相关监管机构有权对侵权主体施以罚款或其他行政处罚，以维护个人信息安全和公共利益。这些处罚措施不仅是对侵权者的惩戒，也起到警示和教育作用，促使其他企业和个人加强对个人信息的保护。行政处罚的严厉程度通常与侵权行为的严重性和影响范围成正比，旨在通过法律手段遏制信息泄露的蔓延。

在严重情况下，个人信息侵权行为可能涉及刑事责任。此类责任通常适用于故意或严重过失的情况下，如恶意信息泄露或大规模数据泄露事件。侵权者可能面临监禁或其他刑事处罚，以打击恶意信息泄露行为，维护社会秩序和公众安全。刑事责任的追究不仅是对个体行为的制裁，也反映了国家对个人信息保护的高度重视。

侵权行为的法律后果还包括对企业声誉的损害。信息泄露事件可能导致客户信任下降，企业的市场份额因此受损。企业声誉的损害往往比直接经济损失更为深远，因为它影响到企业的长期发展和竞争力。企业在信息泄露事件后，需要投入大量资源进行公关和形象修复，以重建客户信任和市场地位。这种声誉损害的法律后果提醒企业在信息保护方面需采取更为严谨和有效的措施。

第三节　个人信息泄露与侵权的法律责任类型

一、个人信息泄露的法律责任认定标准

（一）泄露行为的法律认定

在法律框架下，个人信息泄露的认定需要明确泄露行为的性质和范围。法

律通常会将信息泄露定义为未经授权的个人信息公开或传播，这一行为可能是由于管理不善或故意为之。法律认定的核心在于行为是否违反了信息保护的相关法律法规。信息泄露的法律责任认定不仅涉及行为主体的法律责任，还包括对信息被泄露者的权利保护。法律责任的认定需要综合考虑泄露行为的性质、情节以及对受害者的影响。

主观意图在法律责任认定中扮演着关键角色。判断侵权主体是否故意泄露他人信息，可以影响法律责任的轻重。在法律实践中，故意泄露通常被视为加重情节，从而引发更为严重的法律后果。反之，若能证明泄露是由于过失或疏忽，法律责任可能相对较轻。然而，无论主观意图如何，信息泄露对受害者的影响都是客观存在的，因此法律责任的追究仍然是必要的。

评估信息泄露行为的客观表现是法律责任认定的另一个重要方面。具体来说，需要分析信息是如何被非法获取、使用或传播的。通过技术手段进行的非法获取，如黑客攻击，往往被视为严重的违法行为。法律对于这些行为的评估不仅关注信息泄露的方式，还关注其对个人信息安全的实际影响。客观表现的分析帮助法律界定行为的性质，从而更准确地判定法律责任。

信息泄露的法律后果直接影响受害者的权利保护。受害者可能因信息泄露遭受经济损失或精神损害，法律责任的追究旨在为受害者提供补救途径。法律后果的明确化有助于受害者行使追索权，通过法律手段获得赔偿。在此过程中，法律需要平衡侵权行为的严重性与受害者所受损害之间的关系，以确保法律责任的公正性和有效性。

合规性检查是判断信息泄露是否构成侵权的重要环节。法律要求信息处理过程必须遵循相关法规，合规性检查旨在确认这一过程的合法性。若信息处理过程中存在违法行为，则可能构成对个人信息的侵权。合规性检查不仅涉及企业或个人的法律责任，还关系到整个信息处理行业的法律规范化发展。通过合规性检查，法律能够更好地维护个人信息安全。

（二）泄露后果的法律认定

在个人信息泄露事件中，法律对泄露后果的认定是确定责任的关键。法律通常通过分析泄露事件的性质、范围和影响来评估其后果。泄露后果的法律认定不仅涉及对事件本身的法律评价，还包括对受害者权益的保护和补偿机制的设立。法律界定的核心在于如何衡量信息泄露对个人隐私权的实际损害，并在此基础上制定适当的法律责任分配和赔偿标准。

泄露后果的经济损失评估是法律认定中的重要一环。经济损失不仅包括受害者因信息泄露而遭受的直接财务损失，如信用卡欺诈和身份盗用带来的费用，还涉及潜在的未来损失。评估这些损失需要考虑多种因素，包括信息泄露的范围、受害者的经济状况以及可能受到的长期财务影响。法律在这方面的挑战在于如何准确量化损失，并在法律框架内为受害者提供合理的补偿。

精神损害的法律认定同样重要，尤其是在信息泄露对受害者造成心理创伤、焦虑和名誉损害的情况下。法律需要建立一套有效的评估机制，以确定精神损害的严重程度，并在法律上给予相应的赔偿。这不仅涉及对受害者心理状态的专业评估，还需要法律对精神损害赔偿的合理性和适当性进行判断，以确保受害者能够获得公正的补偿。

信息泄露对个人隐私权的侵犯程度是法律认定中的另一个重要方面。分析信息泄露对受害者隐私权的实际影响，需要考虑信息的私密性和安全性的丧失程度。法律在这方面的挑战在于如何平衡信息自由流动与个人隐私保护之间的关系，并在隐私权受到严重侵犯时，提供有效的法律救济途径，以维护受害者的合法权益。

对侵权行为的法律责任分配是法律认定的核心任务之一。在信息泄露事件中，明确各方的责任，包括直接责任和连带责任的认定，是法律责任分配的基础。法律需要根据事件的具体情况，分析各方在信息泄露中的角色和行为，以确定责任的承担者。这不仅有助于确保受害者获得公正的赔偿，还能够在一定程度上预防类似事件的发生。

（三）泄露责任的法律认定

泄露责任的法律认定是个人信息保护法律体系中的重要环节。为了准确界定泄露责任，首先需要基于侵权行为的性质，明确侵权主体的主观故意或过失程度。这一环节至关重要，因为法律责任的轻重直接取决于行为人的主观状态。如果信息泄露是由于故意行为，责任将更为严重；而若是由于过失，则需要根据过失的严重程度来确定责任。这种认定不仅涉及法律层面的分析，还需要结合具体案例进行细致的判断，以确保法律适用的公平和合理。

在确定泄露责任时，评估泄露行为对受害者造成的实际损害是另一个关键步骤。损害评估通常包括经济损失和精神损害两个方面。经济损失可能涉及因信息泄露造成的财产损失或额外支出，而精神损害则指因信息泄露导致的心理压力或名誉损害。合理计算赔偿金额需要综合考虑受害者的具体损失情况，以实现法律的补偿功能和惩戒效果。这一过程要求法律工作者具备敏锐的判断力和丰富的实践经验，以便在法律框架内进行公正的裁决。

泄露责任的法律认定还需考虑信息处理者在泄露事件中是否遵循了相关法律法规及行业标准。这一方面的考量旨在判断信息处理者的合规性。合规性评估不仅涉及对现有法律法规的理解和执行，还需要结合行业标准进行综合判断。信息处理者若在事件中未能遵循相关法律法规，可能会被认定为存在过失，从而承担相应的法律责任。反之，若信息处理者能够证明其已采取合理措施以防止信息泄露，则可能在责任认定中获得一定的豁免或减轻。

证据的收集与保存是泄露责任认定的重要基础。为了支持索赔请求，受害者需要提供足够的证据证明信息泄露的发生及其所造成的损害。这包括但不限于泄露行为的记录、损害的评估报告以及相关的法律文书。证据的充分性和有效性直接影响到法律责任的认定和赔偿金额的确定。因此，受害者在事件发生后应及时收集和保存相关证据，以确保在法律程序中能够有效维权。

二、个人信息泄露与侵权的民事责任

（一）泄露与侵权的民事赔偿

在现代社会，个人信息泄露与侵权问题日益严重，导致受害者在经济和精神上都遭受了重大损失。民事赔偿成为维护受害者权益的重要法律途径。泄露与侵权的民事赔偿不仅包括对直接经济损失的补偿，还涉及精神损害的合理评估与赔偿。法律依据是确保受害者能够获得赔偿的基础，相关法律法规对个人信息保护有明确规定，受害者可以依据这些法律要求赔偿。法律明确规定了数据控制者和处理者的责任，确保在信息泄露事件中，受害者能够通过法律途径获得合理的赔偿。

民事赔偿的范围首先包括因个人信息泄露而导致的直接经济损失。身份盗用和信用卡欺诈是常见的后果，受害者可能因此承担不必要的费用。法律规定，相关责任方应对这些直接经济损失进行全额赔偿，确保受害者的经济利益不受损害。赔偿的范围不仅限于直接损失，还可能涉及其他因信息泄露而产生的间接损失，如因身份盗用导致的信用记录受损等。这些损失通常需要通过详细的证据和法律程序来加以证明。

精神损害赔偿在个人信息泄露的民事责任中同样重要。受害者因信息泄露可能遭受心理创伤、焦虑和名誉损害，这些精神损害应在法律上得到合理评估和赔偿。精神损害赔偿的认定标准复杂，需要考虑受害者的心理状态、社会影响以及侵权行为的严重程度等因素。法律通常要求由专业的心理评估机构出具报告，以确定精神损害的程度，并据此计算赔偿金额。精神损害赔偿的合理性和公正性是确保受害者权益的重要保障。

赔偿金额的计算方法是民事赔偿中的关键环节。法律要求依据受害者的实际损失、侵权行为的性质及其对受害者造成的影响进行合理评估。赔偿金额不仅要覆盖受害者的直接经济损失，还要考虑精神损害和其他间接损失。法律通常采用综合评估的方法，结合受害者的具体情况和侵权行为的严重程度，计算出一个合理的赔偿金额。这一过程需要法律专业人士的参与，以确保评估的公正性和合理性。

（二）泄露与侵权的民事惩罚

个人信息泄露与侵权的民事惩罚是法律框架下对不当行为进行经济制裁的重要手段。法律明确规定了当个人信息被非法泄露或遭到侵权时，受害者有权通过民事诉讼获得合理的赔偿。这不仅是对受害者损失的补偿，也是对侵权行为的有力震慑，旨在维持社会的公平和正义。通过民事惩罚，法律保障了个人信息的安全，促使企业和个人在处理信息时更加谨慎，减少信息泄露的风险。

民事惩罚的法律依据主要源于相关法律法规对个人信息保护的明确规定。这些法律条款为受害者提供了追求惩罚性赔偿的法律基础。法律不仅要求侵权者对受害者的实际损失进行赔偿，还可能在特定情况下施加额外的经济惩罚，以体现对侵权行为的谴责。通过这些法律规定，受害者在面对信息泄露和侵权时，拥有了强有力的法律武器，可以在法律的支持下追求公正的赔偿。

惩罚性赔偿的适用条件通常要求侵权行为具有主观恶意或严重过失。在这种情况下，法院可以依据法律对侵权者施加额外的经济惩罚。这种惩罚不仅是对受害者损失的补偿，更是对侵权者行为的谴责。通过施加惩罚性赔偿，法律旨在传达一个明确的信息：个人信息的保护不容忽视，任何试图通过不当手段侵害他人信息权益的行为都将面临严重的法律后果。

民事惩罚的目的在于通过对侵权者施加经济压力，促使其加强个人信息保护措施。法律通过经济手段迫使侵权者提高信息处理的合规性和安全性，从而降低未来侵权行为的发生率。这种预防性措施不仅保护了个人信息的安全，也为社会整体的信息安全环境提供了保障。通过经济惩罚，法律有效地引导了企业和个人在信息处理过程中的行为规范。

惩罚性赔偿的计算标准涉及多个因素的综合评估，包括侵权行为的性质、受害者的损失程度以及侵权者的经济状况等。法院在确定赔偿金额时，会综合考虑这些因素，以确保惩罚的合理性和公正性。这种多维度的评估机制不仅体现了法律的严谨性，也确保了对受害者的合理补偿和对侵权者的有效惩罚。

（三）泄露与侵权的民事救济

民事救济是个人信息泄露与侵权案件中受害者维护自身权益的重要途径。受害者可以通过法律程序，追求对其权益的保护和对损害的补偿。在法律框架下，受害者提起诉讼的具体步骤和要求尤为重要。受害者需要明确侵权事实，并准备相关的法律文件以启动诉讼程序。这包括提交诉状、支付诉讼费用等一系列程序性要求，以确保诉讼的合法性和有效性。在这些步骤中，法律程序的严谨性和复杂性要求受害者具备一定的法律知识或寻求专业法律帮助，以便在法律程序中不至于因程序性错误而影响案件的结果。

在民事救济过程中，受害者有权申请临时禁令，以防止侵权行为的继续发生。这一法律手段可以有效地保护受害者的个人信息安全，避免进一步的损害。临时禁令通常在紧急情况下申请，其目的是在案件最终判决前，暂时制止侵权行为的继续。这一措施的申请需要受害者提供充分的证据，证明侵权行为的存在及其对个人信息安全的威胁。临时禁令的获得不仅有助于保护受害者的合法权益，也在一定程度上对潜在的侵权者起到威慑作用，促使其停止侵权行为。

民事救济的赔偿标准是根据受害者所遭受的实际损失和侵权行为的性质来合理评估并确定的。在确定赔偿金额时，法院通常会考虑多方面因素，包括经济损失、精神损害以及侵权行为的严重程度等。受害者需要提供详尽的证据以证明其损失的实际存在和程度，这包括财务损失的证明、心理评估报告等。合理的赔偿标准不仅是对受害者损失的补偿，也体现了法律对侵权行为的否定性评价和对受害者权益的重视。

在寻求民事救济时，受害者必须注重证据的收集和保存。证据是支持索赔请求的基础，其重要性不言而喻。受害者应尽可能收集与侵权行为相关的所有证据，包括电子邮件、聊天记录、合同文件等，并妥善保存这些证据，以备诉讼使用。在法律程序中，证据的有效性和充分性直接影响案件的判决结果。因此，受害者在证据收集过程中应注意其合法性和完整性，以确保在诉讼中能够有效支持其索赔请求。

三、个人信息泄露与侵权的行政责任

（一）泄露与侵权的行政处罚

行政处罚在个人信息保护中扮演着至关重要的角色。泄露与侵权的行政处罚是指执法机构依据相关法律法规对违反个人信息保护规定的行为进行制裁的措施。法律明确规定了对个人信息泄露与侵权行为的处罚权限，确保执法机构能够有效地对违规行为进行干预。这不仅对当事人起到震慑作用，也在社会层面上形成了对个人信息保护的普遍认知和重视。

行政处罚的法律依据主要包括《中华人民共和国个人信息保护法》等相关法律法规，这些法律条文详细规定了对个人信息泄露与侵权行为的界定和处罚标准。通过这些法律依据，执法机构得以有权对违反规定的行为进行处罚，确保法律的有效实施。具体而言，这些法规为执法机关提供了明确的指导，使其能够在法律框架内对个人信息泄露与侵权行为进行有效制裁。

在行政处罚的类型方面，法律规定了多种形式的处罚措施，包括警告、罚款、责令改正等。这些措施的多样性旨在根据不同的侵权情节和后果，灵活运用法律工具进行制裁。警告作为一种轻微的处罚方式，通常适用于初次违规且情节较轻的情况，而罚款和责令改正则适用于情节较为严重的案件，以此提高违法成本，遏制个人信息泄露与侵权行为的发生。

行政处罚的适用标准则是根据侵权行为的性质、情节和后果进行综合评估。法律要求在决定处罚的严厉程度时，必须考虑侵权主体的主观恶意和过失程度。对于故意泄露或侵权的行为，处罚的力度会更为严厉；而对于因过失导致的信息泄露，处罚则会相对宽松。这种差异化的处罚标准，体现了法律的公平性和合理性。

行政处罚的执行程序包括调查取证、听证及告知等环节，以确保处罚决定的合法性与公正性。在调查取证阶段，执法机构需要收集充分的证据以证明侵权行为的存在；在听证环节，则需给予被处罚者陈述和申辩的机会，确保其合法权益得到维护。最终，告知环节则是将处罚决定正式传达给被处罚者，确保其知晓处罚内容及后果。

（二）泄露与侵权的行政监管

在现代社会，个人信息的泄露与侵权已成为一个全球性的问题。行政监管在这一领域扮演着至关重要的角色。行政监管机构需要建立一支专门的个人信息保护执法队伍，以监督和查处个人信息泄露与侵权行为。这支队伍不仅需要具备法律和技术的双重专业知识，还需要具备处理复杂案件的能力，以确保法律法规的有效实施。此外，执法队伍的存在可以对潜在的违法行为起到威慑作用，促使企业和个人更加重视个人信息的管理和保护。

为了提高社会对个人信息保护的参与度和意识，设立个人信息保护举报机制是行政监管的重要手段。通过鼓励公众和企业对信息泄露和侵权行为进行举报，可以形成社会监督的合力。举报机制不仅能够使监管机构及时获取信息泄露的线索，还能够激发企业和公众对个人信息保护的责任感。同时，举报机制的有效实施需要配套的法律保障，以保护举报者的合法权益，防止报复行为的发生。

行政监管还需要加强对企业和组织的信息安全管理制度的审查。企业和组织是个人信息的主要收集者和处理者，其信息安全管理制度的完善程度直接影响个人信息的安全性。监管机构应定期检查企业的合规情况，确保其遵循法律法规，采取有效的技术和管理措施防止信息泄露与侵权事件的发生。这不仅有助于提高企业的合规意识，也能促使其不断完善信息安全管理体系，以应对日益复杂的信息安全威胁。

除了制度审查，行政监管还需定期开展个人信息保护的宣传和培训活动。通过宣传和培训，可以提高企业和公众对个人信息保护法律法规的认知，促进合规行为的自觉性。这些活动应结合具体案例分析，以生动的方式展示信息泄露和侵权的危害及其法律后果，从而增强参与者的法律意识和责任感。同时，宣传和培训活动也为企业提供了一个学习和交流的平台，帮助其更好地理解和落实个人信息保护的相关要求。

建立信息泄露与侵权事件的应急响应机制是行政监管的重要组成部分。在信息泄露事件发生时，能够迅速采取有效措施，降低损害并保护个人信息安全，是对监管机构应对能力的重大考验。应急响应机制需要明确的责任分工和高效的沟通渠道，以确保在危急时刻，各方能够迅速协调行动。此外，应急响应机制的建立也应包括事后调查和改进措施，以防止类似事件的再次发生。

（三）泄露与侵权的行政救济

行政救济是处理个人信息泄露与侵权的重要法律手段。受害者可以通过向行政机关提出投诉，启动行政救济程序。这一程序的法律步骤包括明确的投诉流程，确保受害者在法律框架内获得应有的保护和救济。行政救济不仅为受害者提供了一个正式的渠道来表达不满和寻求补偿，还促使行政机关承担起监管和纠正信息泄露行为的责任。

在行政救济过程中，受害者可以申请行政机关对信息泄露事件进行详细调查。通过调查，行政机关能够确认侵权行为的性质和后果，从而为受害者提供必要的支持和法律保障。这一调查过程不仅有助于明确责任归属，还能为后续的法律程序提供坚实的证据基础，确保受害者的合法权益得到有效维护。

行政救济的赔偿标准通常依据受害者所遭受的实际损失和侵权行为的性质制定。这一标准的设定旨在确保受害者能够获得合理的经济补偿，弥补其因信息泄露或侵权行为所遭受的损失。在实践中，赔偿标准的制定需要综合考虑多个因素，包括损失的直接性、侵权行为的严重程度以及受害者的具体情况，以实现公平公正的救济目标。

在行政救济机制中，受害者有权要求行政机关采取临时措施，以防止侵权行为的继续发生。这些临时措施的实施对于保护个人信息的安全至关重要。通过及时有效的干预，行政机关可以阻止进一步的信息泄露，降低对受害者的潜在风险和损害，体现了行政救济在保护个人信息安全方面的积极作用。

四、个人信息泄露与侵权的刑事责任

（一）泄露与侵权的刑事处罚

在当今信息化社会，个人信息泄露与侵权事件频发，刑事处罚成为维护社会秩序的重要手段。刑事处罚的法律依据是打击和预防此类犯罪行为的关键。法律明确规定了针对个人信息泄露与侵权行为的相关条款，为执法机关提供了必要的法律支持。这些法律条款不仅为追究刑事责任提供了明确的法律框架，也为社会传递了保护个人信息的强烈信号。通过法律的威慑力，能够有效遏制潜在的违法行为，维护社会的稳定和个人的合法权益。

刑事责任的适用范围广泛，包括恶意泄露个人信息、身份盗用等严重侵权行为。法律对这些行为的惩戒不仅体现了对犯罪行为的严厉打击，也反映了对个人隐私权的高度重视。恶意泄露个人信息的行为，往往伴随着经济利益的驱动和对他人权益的严重侵害，因此法律在适用过程中强调对严重犯罪的严惩。通过明确刑事责任的适用范围，法律确保了对严重侵权行为的有效制裁，进而为公民的个人信息安全提供了坚实的法律保障。

刑事处罚的类型多样，涵盖监禁、罚款及其他刑事制裁。监禁作为最严厉的刑事处罚措施之一，适用于情节特别严重的侵权行为，以震慑潜在犯罪者。罚款则是一种经济制裁手段，旨在剥夺犯罪者通过违法行为获得的经济利益。此外，其他形式的刑事制裁，如社区服务、限制特定活动等，也在一定程度上发挥了惩戒和教育作用。这些多样化的刑事处罚措施不仅维护了社会公共安全，也有效保护了个人隐私权。

对侵权行为的主观故意和过失程度的认定，是影响刑事责任追究力度的重要因素。法律在追究刑事责任时，需综合考虑行为人的主观故意和过失程度，以确保法律适用的公正性。故意泄露个人信息的行为，通常被视为情节严重，因而受到更为严厉的惩罚。而过失行为，则根据具体情节和后果进行处罚。通过对主观故意和过失的准确认定，法律能够更好地达到惩罚与教育相结合的目的。

（二）泄露与侵权的刑事追诉

个人信息泄露与侵权的刑事追诉是法律对信息安全领域恶性行为进行严厉打击的重要手段。刑事追诉的法律依据在于明确针对个人信息泄露与侵权行为的相关法律条款，这些条款为执法部门提供了坚实的法律基础。近年来，随着信息技术的快速发展，个人信息泄露问题日益严重，法律对这一问题的关注度也逐步提升。相关法律条款不仅明确了哪些行为构成犯罪，还规定了执法过程中应遵循的原则和程序，以确保刑事追诉的合法性和有效性。

在刑事追诉的适用条件方面，法律规定了对侵权行为的严重性及对社会公共安全的影响进行评估。这一评估机制的设立，旨在确保法律能够对恶性行为进行有效打击。侵权行为的严重性通常体现在对受害者造成的直接损害以及对社会秩序的破坏程度上。因此，法律在适用刑事追诉时，必须综合考虑这些因素，以便在打击犯罪的同时，维护社会的和谐与稳定。此外，法律还要求对潜在的社会危害进行预判，以便采取必要的预防措施。

刑事追诉的程序规范是确保追诉过程合法性和公正性的关键。程序规范涵盖了从调查取证到起诉和审判的各个环节。在调查取证阶段，执法人员必须严格遵循法律规定，确保证据的合法性和有效性。起诉阶段，检察机关需要对案件事实进行全面审查，确保起诉的准确性。在审判阶段，法院则需秉承公正原则，依据法律条款和事实证据作出判决。程序规范的存在，不仅保障了被告人的合法权益，也确保了司法公正的实现。

刑事责任的量刑标准是依据侵权行为的性质、情节以及对受害者造成的损害程度来合理确定处罚力度的。法律在量刑时，通常会考虑行为人的主观恶性、行为的社会危害性以及受害者所遭受的实际损失。通过对这些因素的综合评估，法官在量刑时能够做到公平、公正。此外，量刑标准的明确，也为司法实践提供了指导，确保在相似案件中，能够做到同案同判，避免出现量刑不均的情况。

（三）泄露与侵权的刑事防范

在现代社会中，个人信息的泄露与侵权已成为一个普遍且严重的问题。为了有效防范这些行为，建立全面的个人信息保护法律框架显得尤为重要。法律框架不仅需要明确规定对泄露与侵权行为的法律责任，还需要增强其威慑力，以震慑潜在的违法者。通过法律的明确性和可执行性，能够有效遏制信息泄露与侵权的发生。这要求法律在制定过程中，充分考虑到信息技术的发展和社会的变化，以确保其适应性和前瞻性。

加强对信息处理者的合规性检查是防范个人信息泄露的关键措施之一。信息处理者在数据收集、存储和使用过程中，必须严格遵循现行法律法规。合规性检查不仅可以降低数据泄露的风险，还能促使信息处理者提高其信息安全管理水平。这需要相关监管机构的积极介入，定期开展检查并对违规行为进行严厉处罚，从而形成有效的威慑力，促使信息处理者主动合规。

信息安全教育与培训的推动，是提高公众和企业对个人信息保护意识的重要手段。通过系统的教育和培训，可以帮助公众和企业理解个人信息保护的重要性及其法律责任。这不仅有助于增强防范能力，还能促使个人和组织在信息处理过程中更加谨慎，减少因疏忽或无知导致的信息泄露与侵权事件。教育和培训计划应覆盖广泛的受众群体，包括政府机构、企业员工以及普通公众，以实现全社会的共同参与和保护。

技术创新在个人信息保护中扮演着不可或缺的角色。发展先进的信息安全技术，如加密和身份验证技术，可以有效降低个人信息泄露的可能性。这些技术手段能够在信息传输和存储过程中，提供更高的安全保障，从而减少信息被非法获取和使用的风险。技术的不断进步，也为个人信息保护法律的实施提供了有力的支持，使得法律与技术相辅相成，共同维护信息安全。

建立跨部门协作机制是形成合力防范泄露与侵权行为的有效方式。政府、企业与社会组织应共同参与个人信息保护工作，形成一个多方合作的保护网络。通过跨部门的协作，可以实现资源共享、信息互通以及协调行动，从而提高防范和应对信息泄露与侵权事件的能力。这种协作机制不仅有助于提高整体防护水平，还能在事件发生时，快速响应并有效处理，最大限度地减少损失和影响。

第四章 数字伦理的基本概念与框架

第一节 数字伦理的基本概念

一、数字伦理的定义与内涵

（一）定义

数字伦理是对个人信息处理行为的道德评估和规范，强调在数字环境中保护个体尊严与权利的必要性。随着信息技术的迅猛发展，个人信息的处理行为变得无处不在，这使得对其进行道德评估显得尤为重要。数字伦理不仅是关于技术的讨论，更是关于如何在人性与技术之间建立一种和谐关系。它要求我们在处理个人信息时，始终关注个体的尊严与权利，确保技术的使用不会对个人造成伤害或不公正对待。

数字伦理涵盖了数据收集、存储、使用和共享过程中的伦理考量，要求相关方遵循透明性、公正性和责任性原则。在数据收集阶段，透明性原则要求收集方明确告知数据主体其信息将被如何使用和保护。在数据存储和使用过程中，公正性原则要求对所有人一视同仁，避免任何形式的偏见或歧视。责任性原则则强调数据处理者在整个数据生命周期中承担相应的责任，确保数据的安全性与隐私性。这些原则共同构成了数字伦理的基本框架，指导着个人信息的道德处理。

数字伦理不仅关注技术本身，还涉及社会、文化和法律等多方面的影响，力求在技术进步与人文关怀之间找到平衡。技术的快速发展往往会带来社会和文化的变革，而这些变革可能对传统的伦理观念提出挑战。因此，数字伦理的研究不仅需要关注技术层面的创新，还必须考虑其在社会文化背景下的适用性与合法性。这种多层次的考量有助于在技术进步与人文关怀之间找到一种平衡，确保技术发展能够真正服务于人类的福祉。

（二）内涵

数字伦理是一个多层次的概念，其核心在于保护数据主体的权利，特别是知情权。在数字时代，数据的收集和处理无处不在，用户的个人信息成为企业和组织的重要资产。然而，如何在数据使用过程中确保用户的知情权，成为数字伦理的重要课题。数字伦理强调，用户必须被充分告知他们的个人信息将如何被使用，包括使用的目的、方式以及可能产生的后果。这一要求不仅是对用户知情权的尊重，更是对用户自主权的保护，确保他们能够在充分了解信息的前提下作出决策。这种知情权的保障，是建立在对用户信任的基础上，也是数字伦理实践的基本前提。

在数字伦理的框架中，公平性是另一个重要的内涵。数据处理过程中，常常会涉及对个人或群体的评估和判断。这种评估如果不加以规范，极易导致对特定群体的歧视和偏见。因此，数字伦理要求在数据收集和使用时，必须避免任何形式的歧视，确保所有用户得到平等对待。这不仅是对社会公平正义的呼唤，更是对技术中立性的维护。通过对数据处理过程的公平性要求，数字伦理试图消除技术使用中的不公正现象，推动社会的和谐与进步。

透明性在数字伦理中扮演着至关重要的角色。用户在面对复杂的数据处理流程时，往往会感到无所适从。为解决这一问题，数字伦理倡导数据处理的透明性，要求企业和组织在其数据处理政策中，清晰地说明相关流程和原则。通过透明性，用户能够更好地理解企业和组织如何处理他们的个人信息，从而增强对数据处理过程的信任。透明性不仅是信息披露的要求，更是对企业和组织诚信的考验。只有在透明的基础上，才能建立起稳固的用户信任关系。

责任是数字伦理内涵中的最后一个重要方面。在数据处理过程中，数据控制者应对其行为的后果负责。数字伦理要求，数据控制者不仅要采取必要的措施防止数据泄露和滥用，还要对可能产生的后果承担责任。这种责任不仅体现在对技术的管理上，也体现在对用户权益的保护上。通过对数据处理行为的责任要求，数字伦理强调了数据控制者在技术使用中的道德义务，确保他们在追求技术创新的同时，不偏离伦理的轨道。

二、数字伦理的历史背景

（一）早期发展

数字伦理的早期思想源于对隐私权的关注，强调在信息技术发展初期保护个人隐私的重要性。信息技术的迅猛发展带来了前所未有的机遇与挑战，尤其是在个人信息的收集和处理方面。早期的数字伦理学者意识到，随着信息技术的普及，个人隐私可能面临前所未有的风险。因此，在这一时期，保护个人隐私成为数字伦理的核心议题之一。隐私权的讨论不仅限于法律层面，还涉及伦理和社会责任的考量，推动了社会对个人信息保护的重视。

随着互联网的普及，数字伦理逐渐演变为对数据使用和处理的道德考量，反映了社会对技术影响的逐步认识。互联网的兴起使得信息的传播和获取变得极为便捷，但同时也带来了数据滥用和隐私泄露的风险。在这一背景下，数字伦理开始关注数据使用的正当性和透明性，强调在数据处理过程中应遵循的道德原则。这一时期的讨论不仅限于技术层面，还涉及社会价值观的变迁，反映了人们对技术进步带来的伦理挑战的深刻理解。

早期的数字伦理讨论主要集中在数据收集的透明性与用户同意，推动了对用户知情权的重视。在信息技术的应用过程中，数据收集的透明性和用户的知情权成为数字伦理的重要议题。早期的讨论指出，用户在提供个人信息时，应当被充分告知信息的收集目的、使用方式以及可能的风险。这一原则的提出，不仅为用户提供了更多的知情权，也为企业和机构在数据处理过程中提供了伦理指导，推动了信息透明化的进程。

（二）关键事件

1998 年，欧盟通过《数据保护指令》，这项立法成为全球首个对个人数据保护进行系统性规制的法律框架，标志着数字伦理在法律层面的重要发展。该指令不仅在欧盟内部产生了深远影响，也为其他国家和地区的数据保护立法提供了参考和借鉴。通过这一指令，欧盟确立了个人数据保护的基本原则，如数据质量原则、合法性原则和透明度原则等，为之后的全球数据保护立法奠定了基础。此举也促使全球范围内对数字伦理的关注和研究逐渐深入，推动了数字伦理在学术界和政策制定中的重要地位。

2010 年，美国对《健康保险可携带性与责任法案》（Health Insurance Portability and Accountability Act/1996，Public Law 104－191，HIPAA）的修订是数字伦理在医疗领域应用的一个重要里程碑。此次修订强化了对个人健康信息的保护，明确了医疗机构在数据管理中的责任和义务。HIPAA 的修订不仅提高了患者对个人健康信息的控制权，也推动了医疗行业在数据处理和分享方面的伦理标准的提升。这一事件表明，数字伦理在特定行业中的应用正在不断深化，并且对行业规范和标准的制定产生了直接影响，进一步推动了数字伦理在不同领域的广泛应用。

2016 年，欧盟发布《通用数据保护条例》（GDPR），这一条例为全球数据保护立法树立了标杆，强调了用户的知情权和数据主体的权利。GDPR 不仅在法律层面上强化了个人数据保护的框架，也在全球范围内引发了对数据保护和数字伦理的广泛讨论和关注。该条例的实施促使各国政府和企业重新审视其数据处理政策和实践，推动了数据保护的全球化进程。通过 GDPR，数字伦理的核心理念得到了更为广泛的认可和实施，成为现代数据保护法律体系的重要组成部分。

2018 年，剑桥分析丑闻的曝光引发了全球对数据隐私和伦理的广泛关注。该事件不仅揭示了数据滥用的潜在风险，也促使各国重新审视和修订个人信息保护法律。剑桥分析丑闻凸显了数字伦理在维护社会信任中的重要性，促使公众对数据隐私保护的意识显著提升。事件后，各国纷纷加强了对个人数据的立法保护力度，并在数字伦理的框架下，重新定义了企业在数据处理中的责任和义务。

三、数字伦理的核心概念

（一）隐私保护

隐私保护在数字伦理中占据核心地位，随着数字化进程的加速，个人信息的收集与处理变得更加频繁和复杂。隐私保护不仅是个体权利的体现，也是社会稳定与信任的基石。在数字化时代，保护隐私不仅涉及法律法规的约束，还需要伦理道德的导引。隐私保护的意义在于维护个体的尊严和自主权，使个人在信息社会中不被过度监控和剥削。隐私保护的有效实施要求多方协作，政府、企业和社会组织共同努力，制定和遵守合理的隐私保护政策与实践。

在全球范围内，隐私保护的法律框架逐渐形成，以确保个人信息在收集、存储和使用过程中的安全性和合规性。法律框架通常包括数据保护法、隐私法、网络安全法等，这些法律规定了信息处理者的责任和义务。法律框架的建立不仅是为了保护个人数据免受非法侵害，也是为了规范数据处理活动，以促进信息技术的健康发展。通过法律手段，隐私保护得以在制度层面得到保障，从而为个人信息的安全提供了强有力的支撑。

隐私保护的伦理原则是数字伦理的重要组成部分，强调尊重个体自主权和知情权，以促进用户对数据处理的信任。个体自主权意味着个人有权决定自己的信息如何被收集和使用，而知情权则要求信息处理者在收集和使用个人信息时，必须向用户充分说明其目的和方法。这些原则不仅有助于维护个体的基本权利，还能增强用户对数字技术的信任，从而促进数字经济的可持续发展。

在数字时代，技术手段是实现隐私保护的重要工具。数据加密和匿名化处理是两种常用的隐私保护技术。数据加密通过将信息转换为不可读的格式，防止未经授权的访问，从而保护信息的机密性。匿名化处理则通过去除或模糊化个人身份信息，使得数据在使用过程中无法直接与个人关联，减少信息泄露的风险。这些技术手段的应用不仅提高了信息安全性，也增强了用户对数字平台的信任。

（二）数据透明

在当今数字化时代，数据透明已成为数字伦理的重要组成部分。数据透明的定义与重要性在于，它要求在数字环境中，用户能够清晰理解其个人信息的收集、使用和共享方式。这种透明性不仅是关于信息的披露，更是关于赋予用户知情权和选择权。通过数据透明，用户能够更好地掌控自己的数据，从而增强对数字产品和服务的信任。这种信任是数字经济可持续发展的基石，尤其在数据驱动的商业模式中，透明性可以减少信息不对称，提高市场效率。

为了实现数据透明，企业和组织需要采取有效的实施策略。明确的隐私政策和用户协议是增强用户对数据处理信任的关键。企业应在其政策中详细说明数据收集的目的、使用方式以及共享对象。这不仅能提高用户的知情权，还能帮助企业在法律合规性方面减少风险。此外，用户协议应以清晰易懂的语言编写，避免法律术语的复杂性，使用户能够真正理解并同意条款。通过这些措施，企业可以建立与用户之间的信任关系，进而促进其业务的长远发展。

技术手段在实现数据透明方面扮演着重要角色。利用诸如区块链等技术工具，可以实现信息的可追溯性和透明性。区块链技术通过其去中心化和不可篡改的特性，确保数据使用的公开性，使用户能够追踪其数据的流动路径。这种技术不仅能增强用户对数据使用的信心，还能为企业提供一种创新的方式来展示其在数据透明方面的承诺。通过技术手段，企业可以更加高效地管理数据透明问题，为用户提供更高质量的服务。

四、数字伦理的应用领域

（一）医疗健康

在医疗健康领域，数字伦理的核心在于对患者个人健康信息的严格保护。随着数字技术的迅猛发展，医疗数据的收集和分析能力大幅提升，这为医疗健康领域带来了诸多益处，但同时也引发了信息安全和隐私保护的严峻挑战。数字伦理要求在信息收集、存储和使用的每一个环节中，必须严格遵循法律法规和行业标准，以确保数据的安全性和合规性。医疗机构需要采用先进的加密技术和访问控制措施，防止未经授权的访问和数据泄露。此外，合规性不仅是法律要求，更是建立患者信任的基础，医疗机构必须在操作过程中保持高度透明，确保患者知情同意和数据使用的合法性。

数据透明性是医疗健康领域数字伦理的关键原则。患者有权了解其健康数据的使用目的、处理方式以及可能涉及的风险，以便作出明智的决策。透明性不仅是信息披露的问题，更是建立信任关系的重要手段。医疗机构应通过清晰明了的沟通方式，向患者解释数据收集的必要性和益处，同时明确告知可能存在的风险和应对措施。这种透明的沟通有助于消除患者的疑虑，增强对医疗机构的信任，并促进患者与医疗服务提供者之间的积极互动。此外，透明性还要求医疗机构在数据使用过程中，定期进行审查和报告，以确保数据处理的持续合规性和安全性。

在数字伦理框架下，责任机制的建立是确保患者数据安全的关键。医疗健康行业需要明确各方在数据处理过程中的责任和义务，以防止数据泄露和滥用。医疗服务提供者应对其处理的患者数据负全责，确保数据的合法使用和安全管理。这包括制定和实施严格的数据保护政策，开展定期的风险评估和安全审计，以识别和消除潜在的安全隐患。此外，责任机制还要求医疗机构在发生数据泄露时，能够迅速采取补救措施，并及时通知受影响的患者和相关监管机构。通过明确责任和加强问责，医疗健康行业能够有效提高数据安全水平，维护患者的权益和信任。

公平性是数字伦理在医疗健康领域的重要考量。数据处理过程中的任何偏见或歧视都可能对不同群体的患者造成不利影响。因此，医疗机构在数据使用和分析中，必须采取措施确保公平性。这包括在数据收集阶段，避免偏向某一特定群体，并在数据分析中，使用公平的算法和模型，防止产生歧视性结果。此外，医疗机构还应关注社会多样性，确保所有患者在医疗服务中享有平等的权利和待遇。通过关注公平性，数字伦理不仅促进了医疗健康领域的社会公正，也有助于提升医疗服务的质量和效果，为所有患者提供更为公正和有效的医疗解决方案。

（二）教育科技

教育科技在现代教育体系中扮演着越来越重要的角色，其应用不仅提高了教育的效率和效果，也带来了数字伦理方面的挑战。教育科技中的数字伦理特别强调学生的个人信息保护。在教育过程中，收集和使用学生的数据是普遍现象，但必须严格遵循相关法律法规，以维护学生的隐私权。这不仅是法律的要求，也是道德的责任。教育机构和技术提供者需要确保任何数据的收集、存储和处理过程都符合最高的安全标准，以防止数据泄露和滥用，从而保障学生的个人信息不被不当使用。

建立数据透明机制是教育科技领域数字伦理的重要组成部分。学生和家长有权了解其个人信息的收集目的、使用方式及可能的风险。透明的机制能够增强信任感，使学生和家长放心地参与到教育科技的应用中。信息透明度不仅是提供数据使用的详细说明，还包括对数据管理政策的清晰展示。这种透明度有助于消除误解，增进各方的信任关系，并为学生和家长提供参与数据管理和决策的机会，从而形成一个更加开放和负责任的教育环境。

数字伦理要求教育科技产品在设计时考虑公平性，确保不同背景的学生在数据使用上不受到歧视。教育科技应通过公平的数据处理和算法设计，促进教育机会的均等。这意味着在开发和实施教育科技时，应充分考虑各种社会、经济和文化背景的学生，避免因数据偏见或算法不公而导致的不平等现象。公平性不仅体现在技术设计上，也应贯穿教育资源的分配和教育政策的制定中，以确保所有学生都能平等地享受教育科技带来的益处。

教育科技领域需明确责任机制，以确保教育机构和技术提供者对学生数据的使用后果负责。责任机制的建立不仅包括对数据泄露和滥用的防范措施，还涉及对可能出现的问题进行及时有效的处理。这要求教育机构和技术提供者具备快速响应和解决问题的能力，并在发生数据安全事件时，能够透明地向受影响的学生和家长通报情况。

第二节　数字伦理的核心价值与原则

一、数字伦理的基本价值观

（一）尊重与自主

尊重与自主在数字伦理中扮演着至关重要的角色，尤其是在现代信息社会中，个人隐私权的保护成为伦理讨论的核心议题。尊重个人隐私权意味着在数据处理过程中，不仅要避免对个体私人空间和尊严的侵犯，还需确保数据的收集、存储和使用符合伦理规范和法律要求。这种尊重不仅体现在技术层面，更关乎企业和组织在文化和政策上的承诺。通过设立严格的数据保护措施，组织可以在技术上确保用户隐私不被侵犯，同时在制度上提供保障，确保用户的隐私权得到尊重和维护。

用户的自主选择权是数字伦理中的另一核心价值。用户应该拥有对其个人信息的收集和使用作出知情同意的权利，这不仅是对用户权利的尊重，也是对其自主性的认可。知情同意要求数据收集者在获取用户信息之前，必须清晰、透明地告知用户信息的用途、范围及可能带来的影响。这样，用户可以在充分了解的基础上，自主决定是否同意信息的收集和使用，进而增强对数据处理过程的控制权。这种机制不仅保护了用户的自主权，也有助于提升用户对数据使用的信任度。

在数字伦理框架中，数据主体的主动参与被视为一种积极的伦理实践。这种参与不仅体现在用户对其数据使用情况的监督和反馈，还包括用户在数据处理过程中的直接参与。通过建立用户参与机制，数据处理者可以鼓励用户对数据使用的透明性和合法性进行监督，并提供反馈机制，让用户能够表达对数据使用的意见和建议。这种参与不仅增强了用户的信任感，也为数据处理者提供了改进服务和流程的机会，从而实现更高水平的数字伦理实践。

透明性是数字伦理中的关键原则，确保数据处理的透明性能够使用户清晰了解其个人信息的使用目的和方式。透明性不仅要求数据处理者在技术上提供清晰、易懂的信息，还需在制度上确保信息的公开和可访问性。通过透明的操作，用户可以更好地了解数据处理的全过程，增强对数据处理者的信任感。同时，透明性也为数据处理者提供了一个展示其合规和诚信的机会，有助于建立和维护良好的公众形象。

（二）诚信与信任

诚信与信任是数字伦理的核心价值观，是数字社会中数据处理活动的基石。诚信要求数据控制者在信息收集和使用过程中真实、准确地传达信息，避免误导用户。数据控制者必须确保其传递的信息是可靠的，并且在数据处理过程中遵循既定的道德和法律标准。诚信不仅是一个道德要求，也是法律合规的基本要求。在数字时代，信息的透明度和准确性尤为重要，因为用户依赖这些信息作出决策，影响其生活的各个方面。因此，数据控制者必须以高度的诚信来管理用户数据，以维护其在数字生态系统中的声誉和合法性。

信任的建立是一个动态过程，依赖数据处理过程中的一致性与可预见性。用户需要确信他们的个人信息将被以安全和预期的方式处理，这意味着企业必须在数据使用上履行其承诺，并在数据处理活动中表现出高度的透明度。用户对企业的信任不仅来自企业的承诺，还来自其实际行为和数据管理实践。信任的建立需要时间，而一旦建立，信任可以成为企业与用户之间最重要的纽带之一。通过持续的透明度和责任感，企业可以增强用户对其数据使用行为的信任。

诚信与信任的关系在数据处理的透明度上尤为明显。企业需要公开其数据使用政策和实践，以增强用户对其行为的信任。透明度意味着企业必须清晰地说明其数据收集、处理和存储的方式，确保用户了解其个人信息是如何被使用的。通过透明的沟通，企业可以减少用户的不确定性，提升用户对其数据处理活动的信任水平。透明度不仅是企业的责任，也是用户的权利，在数字伦理框架下，透明度被视为增强用户信任的有效途径。

在数字伦理中，诚信不仅涉及信息的准确性，还包括对用户隐私的尊重和保护。企业必须确保用户感受到其个人信息得到妥善处理，这是用户对企业信任的基础。用户隐私的保护不仅是法律的要求，也是道德的义务。企业需要采取适当的技术和管理措施，确保用户数据的安全性，并在数据处理过程中尊重用户的隐私权。通过尊重用户隐私，企业可以在数字时代的商业环境中建立起良好的声誉和竞争优势。

（三）责任与关怀

责任与关怀是数字伦理中的重要价值观，要求数据控制者在处理个人信息时承担相应的法律责任。数据控制者在收集、存储和使用个人数据的过程中，必须严格遵循相关法律法规，以防止数据泄露和不当使用。这一责任不仅是法律上的义务，更是一种道德责任，要求数据控制者在技术操作和管理决策中体现对用户的尊重和保护。在全球范围内，随着法律框架的不断完善，数据控制者的责任边界也在逐渐清晰化，这为个人信息保护提供了更为坚实的基础。

企业在履行数据责任的过程中，应建立完善的内部审查机制。这一机制的核心在于定期评估数据处理流程，及时发现并纠正潜在的伦理问题。通过有效的内部审查，企业可以识别数据处理中的风险点，并采取相应的措施加以改进，以维护用户的权益。内部审查机制不仅是企业合规的保障，更是企业在数字时代赢得用户信任的重要手段。通过制度化的审查流程，企业能够在数据处理的每一个环节中，体现对伦理原则的尊重和实践。

在数据处理过程中，企业还需特别关注用户的情感需求，提供适当的支持和咨询服务。这不仅有助于增强用户对数据使用的信任感，还能在用户与企业之间建立更为紧密的联系。数字时代的用户，不仅关注数据的安全性，更关注数据使用的透明度和对自身权益的尊重。企业通过提供情感支持和咨询服务，可以有效缓解用户的顾虑，提升用户对企业的信任度和满意度。

数据控制者应主动向用户提供透明的信息，包括数据使用的目的、方式和潜在风险。通过信息的透明化，用户能够对数据使用作出知情选择。这种透明度不仅是用户权益的体现，更是数字伦理的重要原则。用户知情权的保障，要求数据控制者在数据处理的每一个环节中，做到信息的公开和透明，确保用户在充分了解数据使用情况的基础上，自主作出决策。

二、数字伦理的原则体系

（一）最小化数据收集

数据收集应基于明确的目的，确保只收集实现特定目标所需的最少数据。在数字时代，数据已经成为一种重要的资源，但同时也带来了隐私和安全的挑战。为了应对这些挑战，最小化数据收集成为数字伦理的重要原则之一。这一原则要求在收集数据时，必须明确数据的用途，避免无目的地广泛收集。通过这种方式，可以有效减少数据滥用的风险，并提高对用户隐私的保护力度。企业和组织在制定数据收集策略时，必须清晰界定数据的使用范围和目的，以确保数据收集的合理性和必要性。

在数据收集过程中，应优先考虑用户的隐私权，避免不必要的个人信息获取。用户的隐私权是数字伦理的重要组成部分，任何数据收集活动都必须以尊重和保护用户隐私为前提。这意味着在收集数据时，企业和组织应尽量减少对个人信息的获取，特别是那些与实现特定目标无关的信息。通过优先考虑用户隐私，可以增强用户对数据处理过程的信任，并促进企业和组织在数字环境中的良性发展。保护用户隐私不仅是法律的要求，更是数字伦理的核心价值体现。

企业和组织应制定严格的数据收集政策，确保数据收集行为的透明性和合规性。在数字伦理的框架下，透明性和合规性是数据收集政策的重要标准。企业和组织应通过明确的政策和程序，规范数据收集的各个环节，确保所有数据收集活动都符合相关法律法规的要求。透明的数据收集政策可以让用户清楚了解自己的数据如何被使用，从而增强用户的信任感。同时，合规性也是企业和组织在数字经济中持续发展的基础，只有在法律框架内开展数据活动，才能避免法律风险和声誉损害。

数据收集应遵循用户同意原则，确保用户在知情的基础上自愿提供个人信息。用户同意原则是数字伦理中不可或缺的一部分，它要求在数据收集过程中，用户必须被告知数据的用途、范围和风险，并在此基础上自愿提供个人信息。这一原则强调了用户在数据处理过程中的主动权和选择权，确保用户能够对自己的信息进行控制。通过遵循用户同意原则，企业和组织可以建立更为信任的用户关系，并在数据处理过程中体现出对用户权利的尊重。

（二）数据使用透明

数据使用透明是数字伦理的重要原则，旨在确保用户能够清晰地了解其个人信息的使用情况。企业在收集用户信息时，需明确告知用户个人信息的收集目的，确保用户了解其数据将用于何种特定用途。这不仅是对用户知情权的尊重，也是企业履行社会责任的体现。用户在知晓信息用途后，能够更加放心地参与数字化服务，从而建立起信任关系。

在数据使用透明的过程中，公开数据使用的具体方式是关键环节。这包括数据处理、存储和共享的详细流程，以增强用户的理解。通过详细说明这些流程，用户可以更好地掌握其个人信息的流动和使用情况。这种透明度不仅有助于提升用户对企业的信任，也能够减少因信息不对称而产生的误解和纠纷。企业应当通过多种渠道，如网站、应用程序等，向用户展示这些信息。

提供用户对其个人信息使用的反馈渠道，是数据使用透明的另一重要方面。用户应当能够随时查询和质疑数据处理的相关情况，确保其信息被合理使用。通过建立有效的反馈机制，用户可以对数据使用提出建议或异议，企业也能及时发现和纠正可能存在的问题。这种互动机制不仅提升了用户的参与感，也促进了企业数据使用的规范化。

确保数据处理政策的易读性和可获取性，是提升透明度的基础。用户能够方便地获取相关信息，才能真正理解和参与到数据使用的过程中。企业应当使用简明易懂的语言，避免过于专业的术语，使政策内容更加亲民。同时，政策文件的获取途径也应当多样化，以便用户在不同场景下都能轻松查阅。

（三）用户知情同意

用户知情同意是数字伦理的重要组成部分，强调在数据收集前，用户应被明确告知其个人信息将如何被使用。这一原则的核心在于确保用户能够在充分了解信息使用目的的情况下，自主决定是否参与数据共享。这不仅是对用户基本权利的尊重，也是对数字伦理框架的基本要求。通过明确的告知，用户可以在知情的基础上作出选择，避免因信息不对称而导致的隐私侵害。

用户在同意数据收集后，仍应保有随时撤回同意的权利。这一权利的设置旨在维护用户的隐私权，确保用户在任何时候都能对其个人信息的使用保持控制。这种撤回权的存在，体现了对用户自主性的尊重，并为用户提供了一个安全的保障机制，防止个人信息被长期或不当使用。此外，数据控制者有责任在用户撤回同意后，及时删除相关个人信息，以避免不必要的隐私风险。

为了使用户能够真正理解其同意的内容及后果，数据控制者需提供清晰易懂的用户协议。这些协议应避免使用复杂的法律术语，以便用户能够轻松理解。这不仅涉及语言的简化，还包括对协议内容的合理组织，使用户在阅读时能够迅速抓住重点。通过这样的设计，用户可以更好地了解其同意的范围，进而作出符合其意愿的决策。这种透明性是建立信任关系的基础，也是数字伦理的重要体现。

用户的同意应基于自愿原则，任何形式的强迫或误导都是对数字伦理原则的违背。自愿原则强调用户在没有外部压力的情况下，自主决定是否同意数据收集。这一原则的实施需要数据控制者在收集用户同意时，避免使用任何可能误导用户的手段，如模糊的措辞或默认勾选的选项。通过保障同意的自愿性，用户能够在一个公平的环境中作出选择，确保其个人信息的使用符合其真实意愿。

三、数字伦理的公平与公正

（一）数据偏见消除

数据偏见的定义与影响在数字伦理中占据重要地位。数据偏见是指在数据的收集、处理和分析过程中，由于种种原因导致某些群体或个体被系统性地忽视或不公正地对待。这种偏见可能源于历史数据的缺陷、数据采集方法的局限性或算法设计中的不当假设。数据偏见会导致决策的不公正，进而加剧社会不平等。因此，在数据收集和处理过程中，识别和理解不同群体可能遭受的偏见和歧视是至关重要的。

为了有效消除数据偏见，实施公平的数据收集策略是首要步骤。在数据采集阶段，确保不同群体的代表性是减少潜在偏见的关键。这需要研究人员和数据科学家在设计数据收集框架时，充分考虑社会多样性，避免单一视角主导数据收集过程。通过多样化的数据来源和多元文化视角，可以更全面地反映社会现实，进而减少数据偏见带来的负面影响。

开发和应用去偏见算法是消除数据偏见的一种技术手段。现代数据分析技术提供了多种算法，可以对数据进行分析和调整，以减少或消除算法决策中的偏见。这些去偏见算法通过识别和纠正数据中的偏差，帮助确保算法输出的公正性。然而，去偏见算法的有效性依赖其设计的合理性和应用的适当性，因此需要持续地研究和改进。

建立多样化的审查机制也是消除数据偏见的重要策略。通过邀请来自不同背景的专家和利益相关者参与数据处理流程的监督，可以更好地确保数据处理的公平性。这种多样化的审查机制不仅能提供多元化的视角，还能帮助识别可能被忽视的偏见问题，进而促进更公平的决策过程。

（二）算法透明性

数字伦理的公平与公正是现代社会在数字化转型过程中必须面对的重要议题，尤其是在算法运用日益广泛的背景下，算法透明性显得尤为重要。算法透明性不仅是一个技术问题，更是一个伦理和信任的问题。通过提高算法的透明度，可以帮助用户更好地了解算法的决策过程，从而增强用户对算法结果的信任和接受度。这一过程需要各方的共同努力，以确保算法在应用中的公平与公正，避免因不透明而导致的误解和不信任。

企业在追求算法透明性时，需要对外公开算法的基本原理和工作机制。这不仅是对用户知情权的尊重，也是建立信任的基础。用户有权知道自己的数据是如何被处理和使用的，这样才能在使用相关服务时作出明智的选择。通过透明的算法机制，企业可以向用户展示其在数据处理上的诚意，进而提升用户对其服务的满意度和忠诚度。

为了实现真正的算法透明性，企业还需要建立系统化的机制。例如，定期发布算法审计报告就是一种有效的实践。这些报告可以向用户展示算法的表现以及可能存在的偏见，帮助用户更好地理解算法的局限性和优势。此外，算法审计报告还可以作为企业自我反省和改善算法的依据，推动算法的持续优化和进步。

在用户体验方面，开发用户友好的界面是实现算法透明性的关键措施之一。用户界面应当设计得直观且易于理解，使用户能够轻松访问和掌握与算法相关的信息。通过这样的界面，用户可以更主动地参与到算法的使用过程中，并提供反馈。这种互动不仅可以提高用户的参与感，还能为企业提供宝贵的用户意见，进一步完善算法的设计和应用。

（三）公平的决策机制

在数字伦理的框架中，公平的决策机制是确保技术发展与应用过程中不偏不倚的重要保障。公平的决策机制要求在决策过程中充分考虑多元化的视角和利益相关者的参与，以实现更广泛的社会公正。建立多元化的决策委员会至关重要。通过确保不同背景和观点的代表性，这些委员会能够在决策过程中融入多样化的视角，避免单一文化或利益的偏见。这种多元化不仅有助于更全面地理解问题，还可以在决策时更好地平衡不同群体的需求和期望，从而促进公平的决策过程。

在数字伦理的实践中，制定明确的决策标准和程序是确保决策公平性的基础。所有决策应基于客观数据和公正原则，而非个人偏见或情感因素。这意味着在决策过程中，需要建立一套透明且可操作的标准和程序，以指导每一步的决策。这样的标准和程序不仅可以提高决策的客观性和一致性，还能在面对复杂的伦理问题时提供清晰的指引，确保各方利益得到公正对待。

实施决策透明度机制是增强信任和责任感的关键步骤。通过向相关利益方公开决策依据和过程，组织可以提高其决策的透明度。这种透明度不仅有助于增强外界对组织的信任，也能促使决策者更加谨慎和负责。同时，透明的决策过程还可以为利益相关者提供监督和反馈的机会，从而在决策过程中融入更多的社会监督力量，确保决策的公正性和合理性。

为了进一步提高决策的公平性，鼓励利益相关者的参与是不可或缺的一环。通过公开咨询和反馈渠道，用户和社区能够在决策中表达他们的意见和关切。这种参与不仅可以为决策者提供更丰富的视角，还能提高决策的社会接受度和合法性。利益相关者的积极参与可以促使决策者在制定政策时更加全面地考虑各种可能的影响和后果，从而提高决策的公平性和有效性。

四、数字伦理的透明性与隐私保护

（一）信息披露原则

信息披露原则强调在数字环境中，信息的透明性和用户知情权的重要性。信息披露应遵循明确性原则，确保用户能够清晰了解其个人信息的收集目的、使用方式及可能的后果。明确性原则不仅是对数据控制者的要求，更是对用户权益的保护。通过清晰的披露，用户可以在知情的基础上作出是否共享个人信息的决定，从而有效地维护自己的隐私权。在国内外比较中，信息披露的明确性已成为衡量数字平台合规性的重要标准。

信息披露还应遵循及时性原则，这意味着在数据收集和使用的各个阶段，用户能够获得最新的信息更新，以作出知情选择。及时性原则不仅提高了用户的参与度，还增强了对数据处理过程的透明度。在快速变化的数字环境中，数据使用方式可能会随着技术和商业模式的演变而改变，因此，及时的信息更新对于维护用户的知情权和信任感至关重要。历史背景显示，许多数据隐私问题的产生往往与信息更新不及时有关，因此及时性原则在数字伦理中具有重要的实践意义。

全面性原则要求数据控制者提供与数据处理相关的所有重要信息，避免隐瞒或遗漏关键信息。全面性原则的实施可以防止因信息不对称而导致的用户误解或信任危机。国内外差异显示，一些国家在立法上对信息披露的全面性有更严格的要求，以确保用户能够全面了解数据处理的背景和影响。全面性原则不仅是对用户的尊重，更是对数字平台自身责任的体现，促进了更高水平的数字伦理实践。

信息披露应易获取原则，确保用户能够方便地访问相关的隐私政策和数据使用信息，以增强透明度和信任感。易获取原则意味着信息应以用户友好的方式呈现，避免使用晦涩难懂的法律术语或技术语言。历史演进表明，随着数字技术的普及，用户对信息获取的便捷性要求不断提高。易获取原则的实施可以帮助用户更好地理解和管理自己的隐私设置，从而在数字世界中更自信地参与。

（二）用户隐私权利

随着信息技术的快速发展，用户越来越关注其个人信息的透明度与安全性。用户有权要求访问其个人信息，这不仅包括查看被收集的数据，还涉及了解这些数据的使用方式。这种透明度确保了用户的知情权，能够让用户更好地掌控自己的信息，进而增强对数字平台的信任感。国内外比较显示，不同国家在法律框架上对用户隐私权利的保护程度有所不同，但总体趋势是加强对用户知情权的保障。

用户还拥有请求更正个人信息的权利。这意味着用户可以要求平台或公司更正任何不准确或不完整的数据。准确的数据不仅有助于提高服务质量，也能避免因错误信息导致的潜在损害。例如，错误的个人信息可能导致用户在信用评估、医疗服务等方面遇到麻烦。为了维护数据的准确性，许多国家的法律都明确规定了用户更正信息的权利，这也是数字伦理的重要体现。

用户有权要求删除其个人信息，特别是在数据不再必要或用户撤回同意的情况下。这种权利被称为“被遗忘权”，在数字时代尤为重要。它确保了用户可以在不再需要某项服务或改变主意时，要求删除其个人信息，以维护其隐私权。历史演进表明，这一权利的确立是对个人隐私保护的重大进步，反映了社会对个人数据控制权的重视。

第三节　数字伦理与传统伦理的关系

一、数字伦理与传统伦理的概念比较

（一）数字伦理的定义

数字伦理不仅是一个技术性术语，更是对个人信息处理行为的道德评估。数字伦理旨在确保在数字环境中保护个体的尊严与权利。随着信息技术的迅猛发展，数字伦理的概念应运而生，成为信息时代的道德指南针。数字伦理不仅

涉及技术层面的考量，还涉及深层次的社会伦理问题，强调在数据处理过程中对个体权利的尊重和保护。这一概念的提出，促使各行业在技术应用中更加关注人文关怀，确保技术进步不以牺牲个人权利为代价。

数字伦理强调数据处理过程中的透明性，这是其核心原则之一。透明性要求相关方在收集、使用和共享数据时提供明确的信息，以便数据主体能够清楚地了解其数据的去向和用途。这种透明性不仅体现在法律法规的要求中，也体现在企业的社会责任中。通过信息的公开和透明，数据主体能够更好地掌握个人信息的流动，从而增强对数据管理的信任感。这种信任是数字社会稳定发展的基础，有助于构建一个更加开放和负责任的信息生态系统。

数字伦理关注数据主体的知情权，这一点尤为关键。知情权确保用户在数据处理过程中能够作出知情选择，避免因信息不对称而导致的权利侵害。在数据收集和使用的每一个环节，用户都应当被充分告知其数据的具体用途和可能的风险。这种知情权的保障，不仅有助于提升用户的自主性，也提升了数据处理者的责任感和透明度。通过加强用户的知情权，数字伦理为数据主体提供了更大的控制权，促进了信息社会的健康发展。

数字伦理涵盖了数据处理的公平性，要求避免对特定群体的歧视，确保所有用户平等对待。这一原则在实践中体现在算法的设计和应用中，要求开发者在算法训练过程中避免偏见的引入。公平性不仅是对道德的要求，也是对技术的挑战。通过对数据处理过程的严格把控，数字伦理努力消除潜在的歧视因素，确保技术应用的公正性和普惠性。这种公平性原则的实施，有助于减少社会不平等，推动社会的和谐与进步。

数字伦理要求数据控制者对其数据使用的后果承担责任，包括对数据泄露和滥用的防范措施。这种责任不仅体现在法律层面，也体现在企业的社会责任感中。数据控制者需要采取积极的措施来防止数据泄露，保障用户信息的安全。同时，数字伦理也要求对数据使用的后果进行评估，确保数据的使用不会对个人或社会造成负面影响。

（二）传统伦理的定义

传统伦理学是一个历史悠久的领域，涉及对人类行为的道德评估。传统伦理的定义可以追溯至古希腊哲学家如苏格拉底、柏拉图和亚里士多德的思想，他们强调个体的道德责任和自我约束。传统伦理关注个体在行为选择中的道德判断，认为道德行为不仅是个人的选择，更是对社会的责任。个体在作出道德决策时，需要对自己的行为进行深刻反思，以确保其行为符合道德标准。这种责任感要求个人在行为中体现出自我约束，并在复杂的道德情境中作出合乎伦理的选择。

传统伦理不仅关注个体行为，还强调社会规范与价值观的作用。社会规范是传统伦理的重要组成部分，它们为个体提供了行为指南，帮助个体在社会中导航。传统伦理要求个体在行为中遵循普遍接受的道德标准，这些标准通常源于社会的文化、信仰和历史传统。这种强调社会规范的伦理观念，旨在确保社会的和谐与稳定，使个体行为能够促进社会的整体福祉。

传统伦理重视人际关系中的诚信与信任，认为信任是建立良好社会关系的基础。在传统伦理视角下，诚信被视为道德行为的核心，因为它直接影响到社会关系的质量。信任与诚信相辅相成，诚信的行为能够增强信任，而信任则是社会成员之间有效互动的关键。传统伦理强调，只有在信任的基础上，社会成员才能够彼此合作，共同追求更高的社会目标。

传统伦理还强调对他人权利的尊重，要求个体在行动中考虑他人的利益与福祉。这种尊重他人权利的观念，源于对人类基本尊严的认可。传统伦理认为，每个人都应被视为有价值的个体，其权利受到保护。因此，在作出道德决策时，个体应考虑他人的需求和利益，避免自私和对他人权利的侵害。

（三）概念差异分析

在当代社会，数字伦理与传统伦理在概念上的差异日益显著。数字伦理强调在数据处理中的透明性，致力于确保数据主体拥有知情权，使用户能够在充分了解信息的基础上作出选择。这种透明性不仅是技术层面的要求，更是伦理责任的体现。而传统伦理则更侧重于个体在道德选择中的自我约束与责任，强调个体在面对道德抉择时的内心反思与自律。这种差异反映了数字时代对伦理概念的新要求，即如何在复杂的数据环境中维护个体的知情权与选择权。

数字伦理的另一个核心在于关注数据主体的知情权，确保用户在数据被收集、存储和使用时能够作出知情选择。这种关注体现了对个体自主权的尊重，是数字时代对伦理的新诉求。而传统伦理则强调对他人权利的尊重与道德判断，注重在社会交往中维护他人的利益与尊严。这种差异显示出数字伦理在应对技术进步带来的伦理挑战时，如何在保护个体权利与促进社会和谐之间找到平衡。

数字伦理要求数据控制者对数据使用后果承担责任，推动数据处理的责任伦理。这种责任不仅体现在对数据安全的技术保障上，还涉及数据使用对社会的广泛影响。传统伦理则更关注个体在社会规范下的道德行为与责任，强调个体在社会中应有的道德担当与义务。这种差异揭示了数字伦理在信息时代对责任伦理的重新定义，强调数据控制者在技术与伦理之间的双重责任。

数字伦理还涉及数据处理的公平性，要求避免对特定群体的歧视。这种公平性不仅是法律的要求，更是伦理的追求，旨在通过公正的数据处理机制维护社会的公平与正义。传统伦理则强调普遍适用的道德原则，关注所有个体的利益与福祉，追求道德原则的普遍性与公正性。这种差异表明数字伦理在处理数据时，如何通过技术手段与伦理原则的结合，实现对个体与群体的公平对待。

二、数字伦理在技术应用中的挑战

（一）数据隐私问题

数字时代的到来使得数据隐私问题变得尤为突出。数据隐私不仅涉及个人信息的安全性，还关系到信息的收集、存储和使用的合法性。法律框架在此背景下显得尤为重要，它不仅为企业和组织提供了操作指南，还为个人提供了信息保护的法律保障。确保个人信息在数据处理的各个阶段——从收集到使用都符合法律要求，是数字伦理的核心任务之一。法律框架的建立需要考虑到国际和国内的法律差异，以便在全球化的背景下有效保护个人信息。

用户对个人信息的知情权是数据隐私保护中不可或缺的一部分。在信息处理的过程中，用户有权了解其信息将被如何使用以及使用的目的。这种知情权不仅是用户维护自身权益的基础，也是企业和组织建立透明度和信任关系的关键所在。通过对用户的充分告知，企业可以减少误解和冲突的发生，同时提高用户对其数据处理行为的接受度。知情权的保障需要通过法律法规的支持和企业自律的双重努力来实现。

数据处理中的公平性问题要求在数据的收集和使用过程中，避免对特定群体的歧视。公平性不仅是伦理的要求，也是法律的底线。确保所有用户在数据处理过程中被平等对待，是维护社会公正的重要体现。为了实现这一目标，企业需要在数据处理的各个环节中采取有效措施，防止任何形式的不平等和偏见。这不仅需要技术手段的支持，还需要伦理意识的提升和法律的监督。

数据透明性的重要性在于企业和组织需明确说明其数据处理政策。只有当用户能够清晰地了解企业的数据处理行为时，信任关系才能得以建立。透明性不仅是企业责任的体现，也是用户权利的保证。通过公开的数据政策，企业可以向用户展示其在数据处理中的诚意和责任感。透明性的实现需要企业在技术和管理上进行调整，以确保信息的准确性和可访问性。

（二）人工智能的伦理困境

人工智能技术的迅猛发展带来了许多伦理困境，尤其是在数据处理和决策过程中。人工智能系统的自动化决策能力虽然提高了效率，但也可能导致决策过程缺乏人类监督。这种自动化特性增加了决策的不透明性和不可预测性，使得结果难以追溯和解释。这种情况下，人工智能的决策不仅可能偏离人类的价值观，还可能在某些情境下作出不符合伦理标准的判断，给社会带来潜在风险。因此，如何在保持技术优势的同时，确保决策的透明性和可预测性，是人工智能伦理面临的首要挑战。

人工智能系统在训练过程中可能会继承并放大训练数据中的社会偏见，导致算法偏见的产生。这种偏见不仅会影响系统的公正性，还可能加剧对特定群体的不公平对待。例如，在招聘、信贷审批等领域，偏见的算法可能导致特定性别或种族的申请者被不公正地拒绝。为了减少这种风险，开发者需要在算法设计和数据选择上更加谨慎，确保系统的公平性和包容性。然而，由于算法的复杂性和数据的多样性，完全消除偏见仍然是一个巨大的挑战。

用户对人工智能处理其个人信息的信任缺失，通常源于对技术复杂性和数据使用方式的不理解。人工智能技术的复杂性使得普通用户难以全面了解其数据被如何处理和使用，这种信息不对称可能导致用户对系统的不信任。为了增强用户信任，企业和开发者需要在数据使用的透明性和用户教育方面作出更多努力。这包括提供清晰的隐私政策、用户友好的界面，以及有效的用户沟通策略，以帮助用户更好地了解和信任人工智能技术。

人工智能的自我学习能力使其能够在不断更新和优化的过程中，超出用户原始同意的范围使用数据。这种能力虽然提高了系统的智能化水平，但也可能侵蚀用户的知情权，导致数据使用不当。用户在使用人工智能产品时，往往无法完全掌握其数据被如何使用和更改。因此，在设计人工智能系统时，需要特别关注用户的知情权，确保数据使用在用户同意的范围内，并提供用户控制数据使用的手段和途径。

（三）自动化决策的伦理影响

自动化决策技术的迅速发展在为社会带来便利的同时，也引发了深刻的伦理问题。自动化决策的一个显著伦理影响是缺乏透明性。由于决策过程通常由复杂的算法驱动，用户难以理解这些决策的依据。这种不透明性可能削弱用户对系统的信任，进而影响他们对技术的接受度和使用意愿。透明性问题不仅是技术上的挑战，更是伦理上的考验，要求在设计系统时考虑如何让用户明白决策过程。

此外，自动化决策系统中的算法偏见可能加剧社会不平等。算法偏见往往源于训练数据的偏差，这些偏差可能导致某些群体在决策中受到不公平对待，进而影响其权益。例如，若一个招聘系统的算法基于过去的招聘数据进行训练，而这些数据本身就存在性别或种族偏见，那么系统的决策可能会无意中延续这种偏见。解决这一问题需要在算法设计和数据采集过程中引入更为多元和公正的视角。

自动化决策的另一个问题是缺乏人类监督，可能导致错误的决策结果。自动化系统在处理复杂任务时，可能会因为缺乏人类的直觉判断而产生错误，这种错误可能对用户产生负面影响，甚至损害其利益。特别是在医疗、金融等高风险领域，决策错误可能导致严重后果。因此，在这些领域中，自动化决策系统的设计应当确保有足够的人类监督，以便在必要时进行干预和纠正。

用户对自动化决策的不可预测性感到不安，尤其是在涉及个人信息时。这种不安可能影响用户的参与意愿，进而影响技术的推广和应用。自动化决策的不可预测性主要源于系统的复杂性和自适应性，这使得用户难以预见系统的行为和结果。为缓解这种不安，系统设计者需要提供清晰的使用说明和风险提示，并在必要时提供用户控制选项。

三、传统伦理在数字时代的适用性分析

（一）传统伦理原则的延续

传统伦理在数字时代依然具有重要的指导意义。传统伦理原则强调个体的道德责任，这在数字环境中尤为重要。在数据处理过程中，尊重用户的隐私权和选择权成为道德责任的核心。用户的隐私权不仅是法律保护的对象，更是道德责任的体现。数据处理者需在处理和使用数据时，充分尊重用户的知情权和选择权，以确保其个人信息不被滥用或泄露。这种责任感的延续不仅是对用户的尊重，也是对自身道德形象的维护。

在数字环境中，传统伦理的诚信原则依然适用且重要。诚信原则要求数据控制者提供真实、准确的信息，避免误导用户。这一原则在数字时代的适用性体现在数据的透明性和真实性上。数据控制者应确保所提供信息的准确性，以避免因信息错误而导致用户作出错误决策。诚信不仅是道德的要求，也是建立良好用户关系的基础。通过真实的信息披露，数据控制者可以增强用户的信任感，从而在竞争激烈的数字市场中占据有利地位。

传统伦理中的社会责任感在数字时代对企业提出了更高的要求。企业在进行数据处理时，需要关注对他人权益的影响，确保不对特定群体造成不公平对待。这种责任感不仅体现在对数据的合法使用上，还包括对数据使用结果的社会影响的评估。企业应在数据处理的每一个环节中，充分考虑其行为对社会整体的影响，避免因数据使用不当而引发社会问题。社会责任感的延续是企业持续发展的基石。

公平原则在数字时代的数据处理过程中同样不可或缺。传统伦理的公平原则要求在数据收集和使用中避免歧视，确保所有用户在数据处理过程中得到平等对待。这一原则在数字环境中的适用性尤为重要，特别是在算法决策和人工智能应用中，公平原则的落实可以有效防止技术歧视现象的发生。通过公平的算法设计和数据使用，技术的应用才能真正实现其促进社会公平的潜力。

（二）适用性局限

传统伦理在数字时代的适用性受到技术快速发展的显著影响，这使得这些伦理原则难以应对新兴技术带来的复杂性和多样性。数字技术的迅猛发展常常超越传统伦理所能涵盖的范围，导致在实际应用中出现诸多挑战。例如，传统伦理中的许多原则是基于面对面的人际交往和明确的责任分配，而在数字环境中，这些原则可能显得过于简单化，无法有效解决因技术复杂性而产生的伦理问题。

在数字环境中，传统伦理强调的个体责任往往被稀释，因为数据处理通常涉及多个主体，责任的归属变得模糊不清。这种多主体参与的数据处理模式使得在出现问题时，难以明确责任方，进而削弱了传统伦理中个体责任的意义。随着技术的不断演进，责任的分散化趋势愈发明显，这对传统伦理提出了严峻的挑战。

数字技术的匿名性和虚拟性也使得传统伦理中对人际关系的重视难以落实。在虚拟环境中，人与人之间的交往不再局限于面对面的直接互动，这种变化使得传统伦理中强调的信任和关系维护变得困难。匿名性使得个体行为的后果不再直接与个人挂钩，影响了信任的建立和维护，这对传统伦理提出了新的考验。

传统伦理对隐私权的重视在数字时代面临巨大挑战。用户的个人信息往往在不知情的情况下被收集和使用，这种现象与传统伦理强调的知情同意原则相悖。数字技术的普及使得信息的收集和处理变得更加隐蔽，用户难以掌握自己的信息被如何使用，这对传统伦理中的隐私保护原则构成了威胁。

（三）适应性调整

在数字时代，传统伦理的适应性调整成为一个重要的议题。数字技术的迅猛发展对传统伦理框架提出了新的挑战，要求我们在保持伦理原则核心价值的同时，进行必要的调整以适应新的技术环境和社会需求。数字伦理框架的动态调整至关重要，它不仅需要考虑当前的技术应用，还要预见未来可能出现的技术变化。这种调整需要在法律、技术和伦理学的交叉点上进行，以确保伦理规范能够有效指导技术的开发和应用，维护社会的公平与正义。

跨学科合作是实现数字伦理适应性调整的重要途径。法律、技术和伦理学各自提供了不同的视角和工具，可以帮助我们更全面地理解和应对数字时代的伦理挑战。通过加强跨学科的合作，我们可以制定出更加全面和有效的数字伦理规范。这种合作不仅限于学术界，还包括政府、企业和非政府组织等多方参与，共同推动数字伦理的发展和完善。跨学科的视角可以帮助识别潜在的伦理风险，并提出创新的解决方案，以确保数字技术的使用符合社会的伦理标准。

公众参与机制的引入是数字伦理适应性调整的另一个关键方面。数字技术的影响是广泛而深远的，涉及每一个使用者和利益相关者。因此，在数字伦理的制定和实施过程中，鼓励公众参与，倾听用户和利益相关者的意见和建议是至关重要的。这不仅有助于提高数字伦理规范的透明度和可信度，还能确保其更贴近用户的实际需求。通过公众参与，我们可以更好地理解社会对数字技术的期望和担忧，从而制定出更具包容性和可操作性的伦理规范。

企业在数字伦理适应性调整中扮演着重要角色。推动企业自律，鼓励行业内部建立伦理审查机制，是确保数据处理合规性和透明性的重要手段。企业作为数字技术的主要开发者和应用者，其行为直接影响着数字伦理的实施效果。通过自律和内部审查机制，企业可以在技术创新的同时，确保其产品和服务符合伦理标准。这样的机制不仅可以提升企业的社会责任感，还能增强公众对数字技术的信任，促进数字经济的健康发展。

第五章　个人信息保护与数字伦理的交融

第一节　个人信息保护中的数字伦理考量

一、数据收集与使用的伦理边界

（一）数据最小化原则

在当今数字化时代，数据最小化原则已成为个人信息保护的重要基石。数据最小化原则的定义及其重要性在于，它要求在数据收集和使用过程中，只收集和处理为实现特定目的所需的最少量数据。这不仅是对用户隐私的基本尊重，也是在数据驱动的商业环境中保持道德底线的关键所在。通过限制数据收集的范围，企业和组织可以有效降低数据泄露的风险，增强用户对其隐私保护的信任。

数据最小化在用户隐私保护中的作用尤为显著。它不仅有助于减少不必要的数据处理，还能防止潜在的数据滥用。通过严格遵循这一原则，企业可以确保在数据生命周期的每个阶段都遵循隐私保护标准，从而在技术和伦理之间取得平衡。这样的实践不仅有助于保护用户的隐私权，还能提升企业的社会责任感和公众形象。

实施数据最小化原则的具体方法和策略包括在数据收集前明确数据使用目的，进行数据需求评估，采用匿名化或假名化技术，以及定期审查和更新数据收集策略。这些方法不仅能有效减少数据冗余，还可以在动态的技术环境中保持数据管理的灵活性。此外，企业应加强员工培训，提高对数据最小化原则的认识和执行能力，以确保在实际操作中不偏离这一原则。

数据最小化原则对企业数据管理的影响深远。它不仅促使企业重新审视其数据收集和处理流程，还推动企业在数据管理中采用更为谨慎和负责任的态度。通过优化数据管理流程，企业可以实现更高效的数据利用，同时降低合规风险和运营成本。这一原则的实施不仅是对法律法规的遵循，更是企业在数字经济中可持续发展的战略选择。

（二）用户知情同意

用户知情同意是个人信息保护中的一个核心概念，要求在收集和使用个人数据之前，必须获得数据主体的明确许可。这一原则不仅是道德上的要求，也是法律规定的基础。用户知情同意确保数据主体在了解其数据将如何被使用以及可能带来的风险后，自主决定是否授权。这种机制不仅保护了用户的隐私权，也增强了对数据处理活动的透明度。

用户知情同意的基本概念源于对个人自主权的尊重，体现了数据主体在信息社会中的控制权。其重要性在于，它为用户提供了对其个人数据的掌控能力，使用户能够在充分了解数据处理活动的前提下作出明智的决策。尤其是在数据被广泛收集和处理的数字时代，知情同意成为保护用户隐私的第一道防线，减少了数据滥用的风险。

获取用户知情同意的方式与流程需要遵循合法、透明和简明的原则。通常，企业需要在用户注册或使用服务的过程中，通过清晰易懂的方式告知用户数据收集的目的、范围及使用方式。用户应当有机会详细阅读相关条款，并通过点击确认或签署协议的方式给予同意。流程的设计应尽量避免复杂和冗长，以免用户在不充分理解的情况下被迫同意。

用户知情同意的有效性取决于用户在充分知情的情况下所做出的自愿选择。为确保同意的有效性，企业需提供简单易行的撤回机制。用户应能在任何时候撤回已给予的同意，并且撤回同意不应影响用户使用服务的基本功能。有效的撤回机制不仅是对用户权利的尊重，也为企业在数据处理活动中提供了合规的保障。

在数据处理过程中，用户知情同意不仅是道德上的要求，也是法律责任的重要组成部分。许多国家和地区的法律法规都明确规定，企业在处理个人数据时必须获得用户的知情同意。未能获得有效同意可能导致法律责任，包括罚款和制裁。这一责任要求企业在数据处理活动中保持高度的透明度和责任感，以避免法律风险。

（三）数据匿名化处理

数据匿名化处理是指通过技术手段将个人数据中的识别信息去除或模糊化，以防止个人身份被识别。这一过程在信息保护中扮演着重要角色，旨在平衡数据利用与个人隐私之间的关系。匿名化处理是数据保护的一种策略，旨在确保在数据使用过程中，个人隐私不被侵犯。其重要性不仅体现在保护个体隐私上，还在于促进数据的合法使用。

数据匿名化处理的基本概念是通过技术手段使得数据无法直接或间接识别特定个人。其主要目的是在保证数据可用性的同时，最大限度地保护个人隐私。这种处理方式在数据共享、分析和研究中尤为重要，因为它允许组织在不侵犯隐私的前提下利用数据资源。而匿名化的目的不仅是出于法律合规的需要，更是出于对个人信息安全的伦理责任。

数据匿名化处理的技术方法多种多样，包括数据扰动、数据聚合、伪装等。数据扰动通过添加噪声或改变数据值来模糊数据；数据聚合则通过将个体数据合并为群体数据以隐藏个体特征；伪装则是通过替换或生成虚假数据来保护隐私。这些技术方法各有优劣，选择适合的方法需要根据具体的数据特性和使用场景进行权衡，以确保匿名化处理的有效性和安全性。

数据匿名化对用户隐私保护具有显著的积极作用。首先，它能够有效降低数据泄露风险，防止个人信息被不当使用或非法获取。其次，匿名化处理可以增强用户对数据处理的信任感，促进数据共享和使用。此外，匿名化还能够支持企业和机构在合规的前提下开展数据分析和商业活动，从而实现数据的最大化价值利用。因此，数据匿名化在个人信息保护中具有不可替代的地位。

在数据匿名化处理中，法律合规要求是必须考虑的重要因素。不同国家和地区对数据匿名化的法律规定和标准有所不同，一般要求匿名化处理必须达到不可逆性和不可识别性的标准。此外，法律还要求数据处理者在进行匿名化时，必须确保处理过程的透明性和可审计性，以便于监管和责任追溯。这些要求不仅是对数据处理者的约束，也是对用户隐私权利的保障。

二、算法决策中的透明度与公正性

（一）算法透明度要求

在数字时代，算法透明度已成为个人信息保护和数字伦理的核心议题。算法透明度要求指的是在算法的设计、开发和应用过程中，确保相关方能够理解和追踪算法的运作机制和决策过程。这种要求不仅是技术上的，也是伦理和法律上的。透明度的缺失可能导致算法偏见、歧视性决策，甚至侵犯个人隐私。

因此，提升算法透明度是确保算法决策公正性和提升社会信任的重要手段。

算法透明度被定义为使算法的输入、输出及其决策过程对用户和监管机构可见和可理解的特性。其重要性体现在多个方面。首先，透明度能够增强用户对算法系统的信任，用户能够更好地理解算法如何影响其个人信息和隐私。其次，透明度是识别和纠正算法偏见的基础，有助于开发者和监管者发现并修正不当的算法行为。最后，透明度在促进算法创新和竞争方面也发挥着重要作用，因为它能激励企业和研究机构在算法设计中考虑更高的伦理标准。

用户知情权是个人信息保护的重要组成部分，而算法透明度在其中扮演着关键角色。通过提高算法透明度，用户可以更清晰地了解其数据如何被使用和处理，进而做出更为知情的决策。透明度不仅使用户能够识别潜在的隐私风险，还能帮助他们理解算法的运作逻辑和可能的影响。这种知情权的保障，不仅提升了用户的自主性，还增强了对数字产品和服务的信任。

实现算法透明度需要多种技术手段与方法的结合。首先，开放源代码是提高透明度的有效方式之一，允许外部专家审查和验证算法的公平性和准确性。其次，使用可解释性技术，如可视化工具和解释模型，帮助用户理解复杂算法的决策机制。此外，开发透明度报告和算法审计机制，能够定期评估和披露算法的性能和影响。这些方法不仅提升了透明度，还为算法的持续优化提供了依据。

透明度直接影响算法决策结果的可解释性。可解释性是指用户和监管者能够理解和预测算法决策的能力。提高透明度有助于揭示算法的决策路径和逻辑，减少“黑箱效应”。这不仅有助于用户理解和信任算法决策，还能帮助开发者识别和纠正潜在的问题和偏见。可解释性在敏感领域尤为重要，如金融、医疗和司法等，因为这些领域的决策对个人和社会有重大影响。

（二）公正性评估标准

在现代数字社会中，算法决策的公正性评估已成为个人信息保护与数字伦理的重要议题。公正性评估标准是确保算法在处理个人信息时不偏不倚的关键。公正性评估的基本定义及其重要性体现在多个方面。首先，公正性评估旨在确保算法决策的结果对所有个体和群体都是公平的，不因种族、性别、年龄等因素而产生偏见。这种评估对于维护社会公平和信任至关重要，特别是在涉及就业、教育、金融等领域的决策中。其次，公正性评估的重要性还在于其能够识别和纠正算法中的潜在偏差，从而保护个体的基本权益。

公正性评估的指标体系与评价标准是实现算法公正性的基础。一个完善的指标体系应涵盖多维度的评价标准，包括数据来源的多样性、算法设计的透明度、决策输出的可解释性等。这些指标不仅帮助识别算法中的偏差，还为算法的改进提供了具体的方向。评价标准的制定需要结合实际应用场景，并考虑不同文化和社会背景下的差异，以确保公正性评估的普适性和有效性。同时，这些标准应当定期更新，以适应快速变化的技术环境和社会需求。

公正性评估的技术实现方法与工具是保障评估过程有效性的关键。目前，已有多种技术手段用于支持公正性评估，如机器学习中的偏差检测与纠正算法、数据去偏工具等。这些技术方法不仅帮助识别算法中的不公正现象，还能通过调整算法参数或数据集来减少偏差。此外，开发和使用这些工具需要跨学科的合作，结合计算机科学、社会学、伦理学等领域的专业知识，以确保技术实现的全面性和深度。

公正性评估的法律合规要求与监管机制是确保评估结果可靠和具有法律效力的重要保障。各国在制定相关法律法规时，应明确算法公正性评估的具体要求，并建立相应的监管机制以监督评估过程的合规性。这包括对数据处理活动的透明度要求、对算法设计的合规审查，以及对评估结果的独立验证等。此外，监管机构应具备足够的技术能力和资源，以便有效地开展评估活动，并及时应对技术进步带来的新挑战。

（三）偏见与歧视的防范

在算法决策中，防范偏见与歧视是确保系统公正性的重要环节。算法的偏见可能源于数据本身的不平衡或设计者的无意识偏见，这些都可能导致决策的不公正。因此，制定严格的防范措施是必要的，以确保算法在不同人群中表现的一致性和公平性。通过对数据来源的多样性进行审查，可以有效减少偏见的产生。此外，建立有效的监督和审计机制，定期评估算法的输出结果，也是防范偏见和歧视的重要手段。

识别和监测偏见是算法公正性维护的核心步骤。在实践中，识别偏见需要借助统计分析和机器学习技术，分析算法输出的模式和趋势，以发现潜在的偏见。监测机制则需要持续跟踪算法的运行状态，通过设定关键指标来评估算法的偏见水平。这些机制的建立不仅需要技术支持，还需要伦理委员会的参与，以确保监测过程的透明性和独立性，从而增强公众对算法决策的信任。

在算法设计阶段，公平性原则应贯穿始终。这意味着设计者需要在算法的每一个环节中考虑如何减少偏见，确保结果的公正性。公平性原则的实施可以通过设定明确的设计标准和规范来实现，这些标准应包括对数据的公平使用、对不同群体的平等对待以及对潜在偏见的主动识别。通过对设计过程的严格把控，可以有效提高算法的公正性和透明度。

多样性数据集的构建与应用是减少算法偏见的有效途径。多样性数据集不仅涵盖不同的社会群体，还包括多种数据类型，以确保算法在不同环境下的适应性。在数据集的构建过程中，需要对数据的来源、质量和代表性进行严格审查，以避免因数据不平衡导致的偏见。多样性数据集的应用有助于提高算法的鲁棒性和公平性，进而提升决策的准确性和公正性。

偏见纠正算法的开发与实施是解决算法偏见问题的技术手段之一。通过对现有算法进行调整，纠正其在决策过程中出现的偏见，可以显著提高算法的公正性。这一过程通常涉及对算法模型的重构和优化，并结合偏见识别工具以确保纠正效果。实施偏见纠正算法需要多方协作，包括技术专家、伦理学家和法律顾问，以确保纠正过程的科学性和合法性。

三、跨境数据流动的伦理挑战与应对

（一）数据主权问题

数据主权问题在数字时代日益重要，因其直接影响国家在数字空间中的控制权和安全性。数据主权的基本概念涉及国家对其境内产生的数据拥有完全的控制权，包括数据的收集、存储、使用和传输。其重要性不仅体现在国家安全的保障上，还涉及国家在全球数字经济中的竞争力。随着数字化进程的加速，数据主权成为国家主权的一部分，确保国家在数字领域的独立性和安全性。

各国对数据主权的法律规定与政策差异显著，反映出不同国家在处理数据主权问题上的立场和优先级。某些国家通过严格的数据本地化法律，要求所有在本国收集的数据必须存储在本国境内，以加强对数据的控制和保护。此外，部分国家则采取较为开放的政策，允许数据在国际自由流动，以促进全球经济一体化。政策差异不仅影响国际数据流动的效率，还可能导致跨国企业在合规性上面临挑战。

数据主权对跨境数据流动的影响与限制主要体现在其对数据传输路径的干预和对数据处理的严格监管上。国家通过数据主权政策，可以限制数据在境外的存储和处理，从而保护本国公民的隐私和国家的敏感信息。然而，这种限制也可能阻碍国际业务的开展，增加企业的合规成本，并对全球信息共享和技术创新构成挑战。因此，如何在数据主权与数据自由流动之间取得平衡，成为各国必须面对的关键问题。

数据主权与用户隐私保护之间的关系密切且复杂。虽然数据主权旨在加强国家对数据的控制，但其实施过程中可能对用户隐私产生双重影响。一方面，数据主权可以通过严格的监管措施，防止用户数据被滥用和泄露；另一方面，过度的数据控制可能导致用户数据被国家监控，从而侵害个人隐私。因此，如何在数据主权的框架下有效保护用户隐私，成为数字伦理中的重要议题。

（二）国际数据传输协议

国际数据传输协议是指在跨境数据流动过程中，为确保数据安全与隐私保护而制定的标准化规则和程序。其基本功能在于为不同国家或地区之间的数据传输提供一个可靠的法律框架，以确保数据的机密性、完整性和可用性。这些协议通常包括数据加密、访问控制和数据完整性验证等技术措施，以防止未经授权的访问和数据泄露。通过这些措施，国际数据传输协议不仅促进了数据的自由流动，还在很大程度上增强了数据主体的信任感，进而推动了全球数字经济的繁荣发展。

国际数据传输协议在法律合规方面有着严格的要求和标准，以确保数据在跨境传输过程中符合各国的数据保护法律。例如，欧盟的《通用数据保护条例》对数据传输设定了高标准的合规要求，要求数据控制者和处理者在数据传输前必须获得明确的法律依据。此外，这些协议还要求实施适当的技术和组织措施，以保护个人数据免遭非法访问或处理。合规的标准不仅限于法律文本，还包括国际和地区性组织制定的行业标准，如 ISO/IEC 27001 信息安全管理标准，这些标准为企业提供了具体的操作指引。

国际数据传输协议在数据保护方面发挥着重要作用，通过建立统一的规则和标准，协议为数据的安全传输提供了保障措施。这些措施包括数据加密、匿名化处理和访问权限管理等，以确保数据在传输过程中不被篡改或泄露。此外，协议还规定了数据泄露事件的应急响应机制和责任追究制度，以便在发生数据泄露时，能够迅速采取行动，减少对数据主体的影响。通过这些保障措施，国际数据传输协议不仅提高了数据保护的水平，还增强了各国在数据流动中的合作与互信。

在跨境数据流动中，国际数据传输协议的应用实例众多，涵盖了从商业到政府等多个领域。例如，跨国企业在进行全球业务运营时，通常会依赖这些协议来确保其客户数据的安全传输和处理。具体而言，企业可能会使用标准合同条款（SCCs）或绑定企业规则（BCRs）等法律工具来合规地进行数据传输。此外，在国际贸易和电子商务中，协议的应用也确保了交易数据的安全，这对于维护消费者信心和保障市场稳定至关重要。通过这些实例，国际数据传输协议在促进全球数据流动的同时，也有效地维护了数据主体的权益。

（三）数据隐私保护措施

随着跨境数据流动的日益频繁，信息泄露的风险也在增加。数据隐私保护措施的基本概念与重要性在于确保个人信息在传输、存储和使用过程中不被未经授权的访问和滥用。通过制定严格的隐私政策和保护措施，能够有效地减少数据被不当使用的可能性，保护个人隐私权利。国内外在隐私保护的立法和实施上存在差异，然而，全球化的趋势要求各国在数据保护方面进行更紧密的合作与协调。

数据加密技术在保护个人信息中扮演着关键角色。加密技术通过对数据进行编码，使其在传输过程中即使被截获也难以解读，从而保障信息的安全性。常见的加密技术包括对称加密、非对称加密和混合加密等，这些技术的应用使得数据在传输和存储过程中保持机密性和完整性。同时，加密技术的不断发展也使得攻击者难以破解，为个人信息提供了更为坚实的保护屏障。加密技术的广泛应用在国内外均受到重视，并成为数据隐私保护的核心手段之一。

访问控制机制的设计与实施是数据隐私保护的重要组成部分。通过合理的访问控制机制，可以确保只有经过授权的人员才能访问特定的数据资源。这不仅涉及技术层面的设计，还包括对人员权限的合理分配和管理。访问控制机制需要根据不同的应用场景进行灵活调整，以适应不断变化的安全需求。国内外在访问控制的实施上采取了不同的策略，但其核心目标都是确保数据的安全性和私密性。

数据泄露应急响应计划的制订与执行是有效应对信息安全事件的关键。数据泄露可能导致严重的隐私侵犯和经济损失，因此，制订详细的应急响应计划显得尤为重要。这包括事件检测、损害评估、信息通报、补救措施及后续改进等步骤的明确分工和实施。通过及时有效的应急响应，可以将数据泄露的影响降到最低，维护组织的声誉和用户的信任。国内外在应急响应计划的制订上有着不同的实践经验，但其最终目标都是为了快速恢复正常运营。

用户数据保护意识的提高与教育是实现数据隐私保护的基础。尽管技术措施可以提供一定程度的保护，但用户自身的安全意识和行为习惯也同样重要。通过开展数据隐私保护的教育和培训，可以提高用户对个人信息保护的认知，促进他们采取更为安全的行为。国内外在用户教育方面采取了多样化的策略，以提高公众的隐私保护意识，推动形成良好的数字伦理环境。

第二节　数字伦理对个人信息保护的影响

一、数字伦理规范对个人信息保护的支撑

（一）伦理规范的基本原则

伦理规范在个人信息保护中扮演着至关重要的角色，其基本原则不仅奠定了保护框架的基础，也为数字时代的信息处理活动提供了方向。伦理规范的基本原则之一是尊重个人隐私，这要求在信息收集、存储、处理和分享的每一个环节中，都要把个人的隐私权置于首位。这一原则不仅是对个人尊严的维护，也是对信息主体自主权的尊重。在数字化的今天，信息的获取与传播速度前所未有，伦理规范的基本原则为个人信息保护提供了必要的理论支持和实践指导。

在信息技术迅猛发展的背景下，个人信息的合法性与正当性成为伦理规范关注的核心问题之一。伦理规范要求在数据收集和使用过程中，必须符合法律法规的要求，确保信息的使用目的明确、合法，并且与收集的初衷相符。任何超出用户授权范围的信息使用行为都被视为对用户隐私的侵犯。为了避免信息滥用，伦理规范不仅要求企业在进行数据处理时遵循法律，还要进行严格的内部审查和监督，以确保信息的合法使用。通过这种方式，伦理规范在保护用户隐私方面发挥了重要作用。

用户的知情权是伦理规范中的一项重要原则，旨在确保用户在数据收集与使用过程中拥有充分的信息与选择权。这意味着企业在收集用户数据之前，必须明确告知用户数据的用途、存储期限、共享对象等信息，并获得用户的明确同意。知情权的强调不仅有助于提高用户对数据处理活动的理解和参与度，也增强了用户对企业的信任感。在数字时代，信息透明度是建立信任关系的基础，伦理规范通过保障用户的知情权，促进了个人信息保护的有效性。

透明度是数据处理活动中不可或缺的要素，伦理规范通过要求企业在数据处理过程中保持透明度，来促进信任关系的建立与维护。透明度不仅涉及数据收集的方式和目的，还包括数据存储的安全措施、第三方共享的范围以及数据销毁的机制。通过公开透明的信息处理流程，企业能够向用户展示其对隐私保护的承诺，从而增强用户的信任感。信任关系的建立不仅有助于企业的长远发展，也为个人信息保护提供了坚实的社会基础。

（二）伦理规范的实施路径

伦理规范的实施路径在个人信息保护中扮演着至关重要的角色。建立伦理审查委员会是确保企业在个人信息处理过程中遵循伦理标准的关键步骤。伦理审查委员会的职责包括评估和监督企业的个人信息处理活动，以确保这些活动符合既定的伦理标准和法律法规。这种机制不仅能有效防止数据滥用，还能提高企业在公众中的信誉和信任度。此外，伦理审查委员会还应具备独立性和专业性，以确保其评估和监督的公正性和有效性。

在企业内部，制定并实施具体的伦理规范是确保员工在数据处理过程中遵循伦理标准的基础。企业应根据自身的业务特点和行业要求，制定详细的伦理规范，并将其纳入企业的日常管理体系。这些规范应包括数据收集、存储、使用和共享等各个环节的具体要求，确保每位员工在处理个人信息时都能有章可循。通过这种方式，企业不仅能有效降低数据泄露和滥用的风险，还能在信息保护方面形成良好的企业文化。

定期开展伦理培训与研讨是提升员工对数字伦理和个人信息保护认知的重要手段。通过培训，员工可以了解最新的数字伦理标准和个人信息保护法律法规，增强其在实际工作中的合规意识和责任感。此外，研讨会提供了一个交流和分享经验的平台，员工可以在其中探讨实际工作中遇到的问题和挑战，寻找解决方案。这种持续的学习和交流机制，有助于企业在快速变化的数字环境中保持合规和竞争力。

二、技术伦理在个人信息保护中的应用

（一）技术伦理的核心概念

技术伦理作为一个重要的学科领域，主要关注技术应用中的道德责任和社

会影响。它不仅涉及对技术本身的理解，还包括对其在社会中应用的深刻反思。技术伦理的基本定义与范畴涵盖了技术开发、应用和管理过程中需要考虑的道德责任。这种责任要求技术在设计和实施时，不仅要关注其功能和效率，还需考虑其可能带来的社会影响，尤其是在个人信息保护领域，技术伦理要求技术的使用不能侵害用户的隐私权利，而是应当在保护用户信息的前提下发挥其最大潜能。

在个人信息保护中，技术伦理的重要性日益凸显。随着技术的飞速发展，个人信息的收集、存储和处理变得更加复杂和广泛，技术对用户隐私的潜在威胁也随之增加。技术伦理强调在技术决策中必须考虑用户隐私保护，将保护机制嵌入技术系统中，以防止信息泄露和滥用。这不仅是对用户的道德责任，也是对社会的责任，要求技术开发者和使用者在追求创新和效率的同时，必须优先考虑用户的隐私和信息安全。

技术伦理与数据处理的关系密切，探讨技术决策如何影响个人信息的收集、存储与使用是技术伦理的重要内容之一。技术伦理要求在数据处理的每一个环节都要进行伦理考量，确保技术的使用不对个人信息造成不当的影响。技术决策不仅涉及技术本身的选择和应用，还包括对数据如何被使用、共享和保护的深思熟虑，以确保在技术进步的同时，个人信息的安全和隐私能够得到充分保障。

技术伦理的实施原则明确了技术开发与应用中的伦理考量与合规要求。实施原则要求技术开发者在设计和开发技术产品时，必须将伦理考量纳入其中，确保技术应用符合社会道德标准和法律法规。这需要对技术的潜在影响进行全面评估，并在技术的整个生命周期中持续监测和调整，以应对可能出现的伦理挑战和合规问题。通过这样的机制，技术伦理得以在实践中有效实施，保障个人信息的安全。

（二）技术伦理的应用领域

技术伦理在个人信息保护中扮演着至关重要的角色，其应用领域广泛而深刻。这一领域涉及多个方面，包括数据加密技术、隐私设计原则、访问控制机制、数据泄露应急响应计划以及用户数据保护意识的提升。每一个领域都在不断发展，以应对日益复杂的数字环境和信息安全挑战。

数据加密技术是保护个人信息的重要手段。通过加密，信息在传输和存储过程中得以有效保护，防止未经授权的访问和数据泄露。加密技术的发展起源于信息安全的基本需求，在现代社会中，它已成为信息保护的基石。加密算法的不断演进和优化，确保了个人信息在数字化环境中的安全性。

隐私设计原则的实施是技术伦理的另一重要体现。在产品设计阶段就考虑到用户隐私，可以有效增强用户数据的保护。这种前瞻性的设计理念不仅符合数字伦理的要求，也提升了产品的市场竞争力。通过将隐私保护融入产品生命周期，企业能够更好地履行其社会责任，赢得用户的信任。

访问控制机制的建立是确保个人信息安全的关键措施。通过限制对个人信息的访问权限，组织能够确保只有经过授权的人员才能接触到敏感数据。这种机制不仅保护了用户的隐私，也降低了数据泄露的风险。访问控制的有效实施需要技术与管理的结合，以确保安全策略的执行和监督。

数据泄露应急响应计划的制订是技术伦理在信息安全管理中的重要组成部分。面对潜在的数据泄露风险，组织需要具备迅速有效的应对能力，以减少可能的损失。应急响应计划的核心在于快速识别、控制和修复安全事件，确保在危机中保护用户的个人信息。

（三）技术伦理的实施挑战

随着技术的迅速发展，新兴技术不断涌现，传统的伦理标准往往难以适应这些变化。这种适应性挑战要求我们在技术进步的同时，不断更新和调整伦理标准，以确保其能够有效应对新技术带来的影响。技术伦理不仅需要与时俱进，还必须在实施过程中保持灵活性，以便及时回应技术发展的新动态和新问题。

在实践中，技术伦理的实施常常因缺乏统一的标准和规范而面临困难。不同的行业和企业由于各自的背景和需求，可能会在伦理判断上产生不一致的结果。这种不一致性不仅影响了技术伦理的普遍性和有效性，也可能导致用户在面对不同技术产品时，感受到截然不同的伦理考量。这种情况要求在全球范围内推动技术伦理标准的统一化，以保证其在各个领域的应用都能遵循一致的原则。

技术开发者与企业在伦理责任认知上的差异，也是技术伦理实施中的一大挑战。开发者可能更关注技术的创新和功能，而企业则可能更重视市场需求和利润。这种认知上的差异，可能导致对用户隐私保护的重视程度不一，进而影响技术伦理的有效执行。为了克服这一挑战，需要加强开发者和企业之间的沟通与合作，以确保技术伦理在产品设计和市场推广中的一致性。

技术伦理的实施还需要跨学科的合作与沟通。然而，不同领域的专业人员在伦理理解和应用上往往存在隔阂，这增加了实施的难度。技术人员、法律专家和伦理学者需要在共同的平台上交流，以弥合彼此之间的理解差距。这种跨学科的合作不仅可以促进技术伦理的全面实施，还能推动各领域在伦理问题上的共同进步。

三、数字伦理对个人信息保护意识的促进作用

（一）公众意识的提升途径

公众意识的提升是数字伦理对个人信息保护的重要促进因素之一。通过社区活动和讲座，可以有效增强公众对个人信息保护的认识与重视。这些活动不仅提供了一个互动的平台，让参与者能够分享经验和意见，还能促进他们积极参与和反馈。在这些活动中，专家和学者可以通过真实案例分析，展示个人信息泄露可能带来的风险与后果，从而引发公众的思考和警惕。社区活动的多样性和互动性有助于将个人信息保护的理念深入人心，使其成为公众日常生活中的自觉行为。

社交媒体和数字平台的广泛应用为隐私保护宣传提供了新的途径。通过这些平台，相关机构和组织可以传播个人信息保护的知识和最佳实践，提高公众的警觉性和自我保护能力。在数字时代，信息的传播速度极快，社交媒体可以迅速覆盖广泛的受众群体。通过发布引人入胜的内容，如图文并茂的科普文章、视频短片以及互动问答，公众能够在轻松的氛围中获取信息保护的知识。这种方式不仅便于公众理解和接受，还能激发他们采取行动保护个人信息。

在学校和教育机构中引入个人信息保护课程，是培养学生隐私意识和数字伦理观念的重要举措。教育是提高个人信息保护意识的长远策略，通过系统的课程设计，学生能够从小就了解信息保护的重要性和基本原则。课程内容可以涵盖数字伦理的基本概念、个人信息保护的法律法规，以及如何在日常生活中应用这些知识。通过案例分析和模拟场景，学生可以更直观地理解信息泄露的风险和后果，进而形成良好的保护习惯和责任意识。

（二）教育与宣传的作用

教育与宣传在提升个人信息保护意识方面具有重要的作用。通过系统化的教育活动，公众能够更深入地理解个人信息保护的法律法规。这种认知的提高，不仅增强了公众的法律遵循意识，还能促进整个社会法律意识的提升。在数字

时代，个人信息的保护已成为一个全球性议题。教育与宣传活动可以帮助公众认识到个人信息保护的重要性及其对个人隐私和安全的影响，从而激发公众主动学习和遵循相关法律法规的动机。

定期开展宣传活动和教育课程是传播个人信息保护最佳实践的有效途径。这些活动能够帮助公众掌握保护个人信息的具体方法和技巧。例如，如何设置强密码、识别钓鱼网站、保护个人数据不被泄露等。这些具体的技能和知识不仅能提高个人在日常生活中的信息安全水平，还能在遇到信息泄露风险时，采取有效的应对措施。通过教育，公众可以更好地理解信息保护的复杂性，并在实践中应用所学知识，保护自身的信息安全。

教育与宣传还可以促进企业在个人信息保护方面的自我监管。随着公众意识的提高，企业面临着更大的合规压力和社会责任。教育活动不仅可以帮助企业了解最新的法律法规，还能推动企业建立更为完善的合规机制和伦理标准。这种自我监管的增强，不仅有助于企业自身的发展，也有助于营造一个更为安全的商业环境。通过教育与宣传，企业可以更好地履行其在信息保护方面的责任，提升其社会形象和市场竞争力。

第三节　个人信息保护与数字伦理的融合策略

一、个人信息保护与数字伦理的原则协调

（一）保护原则的伦理基础

个人信息保护的伦理基础是强调尊重个体的自主权与隐私权。在信息时代，数据已经成为一种重要的资源，但同时也带来了隐私泄露的风险。因此，保护个人信息不仅是法律的要求，更是伦理的需求。尊重个体的自主权意味着在信息收集和使用过程中，必须确保用户的知情同意。用户有权了解其信息被如何使用，并有权拒绝不合理的使用请求。这种透明性原则是数字伦理的重要组成部分，它确保了信息处理的公开与透明，增强了用户的信任。

数字伦理要求在信息收集与使用中遵循透明性原则，确保用户知情同意。在实践中，这意味着企业和组织在处理个人数据时，必须清晰地告知用户其数据的用途、存储方式及共享对象。透明性不仅是对用户权利的尊重，也是企业

履行社会责任的体现。通过透明的信息披露，用户能够更加信任数据处理方，从而愿意分享更多的信息，这对数据驱动的社会发展起到了积极的推动作用。

保护原则需要平衡个人隐私与公共利益之间的关系，以实现社会的整体福祉。这种平衡并不是简单地选择其一，而是需要在具体情境中进行权衡。例如，在公共卫生危机中，适度的个人信息共享可能有助于控制疫情，但必须在确保个体隐私不被过度侵犯的前提下进行。伦理基础在此过程中发挥了关键作用，它指导决策者在制定政策时考虑多方利益，以实现社会的整体福祉。

伦理基础强调数据处理过程中的公平性，防止歧视和不公正对待。在数据驱动的决策中，算法的偏见可能导致某些群体受到不公正的对待，这违背了数字伦理的基本原则。因此，公平性应成为信息处理的重要考量因素。通过对算法进行审视和调整，可以减少偏见的产生，从而保障数据处理的公正性和合理性，维护社会的公平正义。

（二）数字伦理的法律支撑

数字伦理的法律框架为个人信息处理提供了明确的法律依据，这不仅确保了数据使用的合法性与合规性，也为信息化时代的道德实践提供了指导。法律框架的存在使得数据处理活动有章可循，避免了因法律空白而导致的随意性和不确定性。这种法律支撑不仅是对技术发展的回应，更是对社会伦理的强化，确保了技术进步与社会价值观的同步发展。

法律对数字伦理的支撑还体现在对个人信息保护的具体规定上，推动企业和组织在信息处理过程中遵循伦理标准。通过法律的强制力，企业和组织被要求在数据收集、存储、处理和共享的各个环节中，遵循透明、责任和公正的原则。这种法律约束不仅提升了企业的合规意识，也促使其在信息处理过程中更加注重对用户权益的尊重和保护。法律的介入有效地将伦理标准转化为可操作的行为准则，促进了信息处理的规范化。

数字伦理的法律支撑还促进了公众对数据使用的信任，增强了用户对信息处理过程的透明度与可控性。通过法律的保障，用户对其个人信息的使用有了更高的知情权和控制权。这种透明度的提升不仅增强了用户的信任，也为企业和组织赢得了更广泛的公众支持。法律的支撑使得信息处理过程不再是一个黑箱操作，而是一个公开、透明的过程，用户可以随时了解和监督自己的信息如何被使用。

法律与数字伦理的结合为数据主体提供了有效的法律救济途径，确保其权益在信息处理中得到保障。法律不仅为数据主体提供了申诉和追责的渠道，也为其提供了实际的补救措施。这种法律救济途径的存在使得数据主体在面对信息滥用或侵权时能够及时获得保护和补偿，增强了其在信息社会中的安全感和信任感。法律的介入不仅为数据主体提供了保护伞，也为信息处理活动划定了边界。

（三）原则冲突与解决路径

个人信息保护与数字伦理之间的原则冲突主要体现在隐私权与数据共享之间的矛盾。随着大数据技术的发展，数据共享成为推动社会进步和经济发展的重要手段。然而，这种共享往往与个人隐私保护产生冲突。为了协调这一矛盾，必须依赖明确的政策和法规。政策制定者需要在制定相关法律时，充分考虑隐私权的保护，同时为数据共享提供合理的法律框架，以确保数据的合法使用。这不仅需要法律的支持，还需要在政策实施过程中不断进行评估和调整，以适应技术发展的新态势。

在数据处理过程中，企业面临的伦理责任与法律责任可能存在差异。法律责任通常是明确的，企业需要遵守相关法律法规以避免法律风险。然而，伦理责任则涉及更广泛的社会责任和道德考量，往往没有明确的界限。为了确保两者的兼容性，建立跨部门的协调机制显得尤为重要。通过这种机制，企业可以在遵循法律要求的同时，也承担起相应的伦理责任。这需要企业内部的合规部门、法律部门和伦理委员会的紧密合作，以确保企业在数据处理过程中既合法合规，又符合伦理标准。

技术进步带来的数据处理能力与个人信息保护的法律要求之间存在张力。随着人工智能和大数据分析技术的发展，数据的处理能力大大增强，这为信息的快速分析和应用提供了可能。然而，这种技术能力的增强也挑战了现有的个人信息保护法律框架。为了平衡两者的关系，需要通过技术治理和伦理审查。技术治理可以通过设计符合伦理标准的数据处理流程来实现，而伦理审查则需要在数据处理的各个环节进行伦理评估，以确保技术应用不违反个人信息保护的法律要求。

社会对个人信息保护的期望与企业的商业利益之间可能存在冲突。公众通常希望自己的个人信息得到严格保护，而企业则可能希望通过信息的使用来实现商业利益。这种冲突需要通过公众参与和透明度提升来找到解决路径。企业可以通过建立透明的信息使用政策，并定期向公众披露信息使用情况，来增加公众的信任。同时，通过公众参与，企业可以了解公众的期望和需求，从而在商业利益与社会责任之间找到平衡点。

二、技术手段在融合中的应用

（一）数据加密技术

数据加密技术在现代信息安全领域中扮演着至关重要的角色。它通过将信息转化为无法直接读取的密文，确保信息在存储和传输过程中的安全性，防止未授权的访问和泄露。数据加密不仅是保护个人信息的核心手段，也是构建信任的重要基础。由于信息泄露事件频发，公众对信息安全的关注度日益提高，数据加密技术的应用成为保护用户隐私的必要措施。加密技术的不断发展，使其在各类信息系统中得到广泛应用，成为信息安全防线的第一道屏障。

加密算法的多样性与选择对数据安全性有着直接的影响。在不同的应用场景下，选择合适的加密方式至关重要。对称加密、非对称加密和混合加密等多种技术各有其优劣势。在实时性要求较高的场景中，对称加密因其速度快而被广泛采用，而在需要更高安全性和密钥管理的场景中，非对称加密则更为合适。选择合适的加密算法不仅能提高数据的安全性，还能优化系统的性能，降低加密对系统资源的消耗。

数据加密技术与用户隐私的关系密不可分。通过加密技术，企业能够在保护用户数据的同时，提升用户对个人信息处理的信任度。当用户知道其数据在传输和存储过程中是安全的，他们对企业的信任和忠诚度也会相应提高。这种信任的建立不仅有助于企业形象的提升，也为企业在数据驱动的市场竞争中赢得了更多的优势。

加密技术在合规性中的重要性同样不容忽视。随着全球各国对个人信息保护法律法规的日益严格，企业在数据处理过程中必须确保符合相关法律法规的要求。数据加密技术为企业提供了一种有效的合规手段，帮助其在遵循法律法规的同时，保护用户的敏感信息。通过合规性检查和加密技术的结合，企业能够降低法律风险，确保其在复杂的法律环境中稳步前行。

（二）匿名化与去标识化

匿名化和去标识化是个人信息保护领域中至关重要的技术手段。匿名化技术的核心在于通过数据处理手段去除或隐藏个人身份信息，使得数据无法被追溯至特定个体。根据不同的应用场景，匿名化技术可以分为多种类型，包括数据扰动、数据聚合和数据子集化等。每种方法都旨在不同程度上保护个人隐私，同时保留数据的实用价值。这些技术的应用不仅对个人信息保护至关重要，还对数据的安全共享和利用提供了保障。

去标识化技术则通过一系列流程和方法进一步增强数据的隐私保护。其主要流程包括识别信息的移除、数据的通用化及数据的加密处理等。不同的去标识化技术在保护个人信息方面的有效性和适用场景存在差异。例如，某些技术在医疗数据的处理上表现出色，而另一些可能更适合于金融数据的保护。通过对这些技术的深入分析，可以更好地理解其在各种场景中的应用效果和局限性，从而选择最适合的技术方案。

在数据共享领域，匿名化和去标识化技术的应用尤为重要。它们在研究、统计和商业分析中发挥着关键作用，帮助实现隐私保护与数据利用之间的平衡。在研究领域，匿名化技术允许研究人员在不泄露个人隐私的情况下，获取有价值的数据洞察。在商业分析中，这些技术则为企业提供了在保护客户隐私的前提下，进行数据驱动决策的能力。通过这些应用，数据的潜在价值得以最大化地发挥。

法律法规对匿名化和去标识化提出了明确的要求。各国在个人信息保护法律中，对这两种技术的具体规定及合规性标准各不相同。了解这些法律要求对于企业和组织在实施这些技术时至关重要，以确保其操作符合当地的法律法规。例如，欧盟的《通用数据保护条例》对匿名化技术的合规性提出了严格的标准，这对企业在数据处理过程中提出了新的挑战和要求。

（三）区块链技术的应用

在个人信息保护与数字伦理的交融中，区块链技术的应用无疑是一个重要的突破口。区块链技术以其去中心化的特性，确保数据不被单一主体控制，从而大幅降低了数据泄露的风险。在传统的信息存储和管理模式中，数据通常集中存储在某一特定的服务器或云端，这使得黑客攻击和内部人员泄露成为可能。而区块链技术通过分布式账本的方式，将数据存储在多个节点上，每个节点都拥有数据的完整副本，这种去中心化的存储方式不仅提高了数据的安全性，还增加了系统的鲁棒性。

智能合约是区块链技术的另一大亮点，其应用可以自动执行数据使用协议，确保在信息处理过程中遵循事先设定的伦理标准与法律要求。智能合约是一种自动执行的协议，代码中写入了合约条款，只有在满足特定条件时，合约才会自动执行。这种自动化的特性减少了人为干预的可能性，确保信息处理过程的透明与公正。同时，智能合约也可以用于实现复杂的数据使用场景，如多方数据共享、跨境数据流动等，在遵循法律和伦理的前提下，实现数据的高效利用。

区块链技术提供的数据透明性使得数据主体能够实时监控其个人信息的使用情况，增强用户对数据处理的信任感。在传统的数据管理模式中，用户往往对其个人信息的使用情况缺乏了解，这不仅影响了用户对数据处理方的信任，也可能导致信息滥用的风险。而区块链技术通过公开的账本记录，使得每一次数据访问和使用都被清晰记录，用户可以随时查看其信息的使用情况，从而提高了数据处理的透明度和可追溯性。

区块链技术通过其不可篡改的特性，为个人信息处理提供了强有力的审计追踪机制，保障数据处理的合规性和安全性。在区块链中，一旦数据被写入区块链，任何人都无法对其进行篡改，这种特性使得每一次数据操作都可以被追溯和验证，为数据处理提供了可靠的审计线索。通过这种方式，企业和组织可以更好地遵循法律法规，确保其数据处理活动的合法性和合规性。

结合区块链技术，用户可以更好地控制其个人信息的访问权限，实现数据分享时的自主权与隐私保护的平衡。在传统的数据共享模式中，用户往往需要信任数据接收方会按照约定使用其信息，而在区块链的帮助下，用户可以通过加密和权限管理技术，精细化地控制数据的访问权限，确保只有授权的人员或机构可以访问特定的信息。这种自主权的增加，不仅提升了用户对数据分享的信心，也在很大程度上保护了用户的隐私。

三、法律框架与伦理规范的结合

（一）法律与伦理的界限

法律与伦理在个人信息保护中扮演着不同但相辅相成的角色。法律通常被视为最低限度的道德标准，通过明确的条文和强制性措施来规范行为，确保个人信息的安全和隐私得到保护。相较之下，伦理更多地依赖自律和道德判断，强调在法律框架之上对个人信息处理的责任与关怀。法律与伦理的界限在于法律的强制性与伦理的自律性，法律通过制裁和惩罚机制来确保其实施，而伦理则依赖个人和组织的自我约束和道德责任感。两者在个人信息保护中共同发挥作用，法律提供了明确的行为准则，而伦理则提供了更高层次的道德指引。

法律在个人信息保护中的基本作用是通过立法程序制定一系列明确的规则

和标准，以确保个人信息的收集、处理、存储和分享符合特定的安全和隐私要求。这些规定具有强制性，违反者将面临法律制裁。而伦理则在法律框架之外补充了对个人信息处理的道德考量，强调尊重隐私、透明度和数据主体的权利。伦理规范的作用在于引导组织和个人在法律允许的范围内，追求更高的道德标准，促进信任和社会责任感的提升。

在个人信息处理过程中，法律的强制性和伦理的自律性之间存在显著区别。法律要求信息处理者严格遵循既定的程序和标准，任何偏离都可能导致法律后果。然而，伦理的自律性则允许信息处理者在法律框架内根据具体情况进行道德判断和调整，以实现更高的道德目标。法律的具体性确保了信息处理的可控性和一致性，而伦理的灵活性则为信息处理者提供了应对复杂情境的道德指引。

法律规定的具体性与伦理原则的灵活性在个人信息保护中各有其独特的影响。法律的具体性使得信息处理活动具有明确的边界和可操作性，减少了不确定性和争议。然而，伦理的灵活性则允许在不违反法律的前提下，依据具体情境进行道德考量和决策，提升了信息处理的适应性和人性化程度。这种结合有助于在快速变化的技术环境中维持个人信息保护的有效性和道德性。

（二）伦理规范的法律化

伦理规范的法律化是个人信息保护领域的重要进展，通过将伦理原则纳入法律框架，使得个人信息保护的实践具备更为明确的指导性。伦理规范的法律化促进了对个人信息保护的明确性，使得企业和组织在处理数据时必须遵循既定的伦理标准。这种法律化的过程不仅为数据处理行为设定了底线，也为企业在信息处理过程中提供了行为指南，确保其在技术应用与数据管理中保持合规性。法律化的伦理规范为数据主体提供了更强的法律保障，使其在遭受权益侵害时能够获得有效的救济。通过法律手段，数据主体的权利得到了更为全面的保护，法律的介入使得维权的路径更加清晰，救济的方式更加多样。

伦理规范的法律化有助于提升公众对个人信息保护的意识，增强社会对数据处理行为的监督与责任感。公众意识的提升不仅体现在对自身数据权利的认知上，也反映在对企业信息处理行为的监督上。法律化的伦理规范通过教育与宣传活动，唤醒公众对个人信息保护的重视，促使其积极参与到信息保护的社会共治中。通过法律化，伦理规范能够形成强制性的约束力，推动企业在信息处理过程中自觉遵循伦理原则。企业在法律的约束下，不仅需要满足基本的合规要求，更需在道德层面进行自我约束，以此赢得社会的信任与认可。

伦理规范的法律化能够促进跨行业的协作与共识，推动形成统一的个人信息保护标准与行为规范。在全球化与数字化的背景下，不同国家和地区的法律体系存在差异，而伦理规范的法律化则为跨行业的协作提供了可能。通过法律化的伦理规范，各行业能够在统一的标准下进行信息交流与合作，减少因法律差异带来的障碍与挑战。这种跨行业的协作不仅提高了个人信息保护的整体水平，也为数字经济的健康发展创造了良好的环境。

（三）法律框架的伦理审视

在当今数字化时代，个人信息保护与数字伦理的交融显得尤为重要。法律框架的伦理审视是实现这一交融的关键环节。法律框架不仅需要具备法律效力，更应当体现伦理原则，以确保个人信息保护的有效性与合理性。伦理原则的融入可以确保法律不仅是规章制度的集合，更是社会道德价值观的体现。通过这种结合，法律框架能够在保护个人信息的同时，维护社会的公正与公平，促进社会的和谐与稳定。

在法律框架内进行伦理审视，可以帮助识别潜在的法律盲区，确保所有数据处理行为符合社会公认的伦理标准。法律框架常常面临技术快速发展的挑战，新的数据处理技术和方法不断涌现，可能导致法律条款滞后于技术进步。通过伦理审视，能够及时识别这些法律盲区，并通过合理的法律修订来加以弥补，从而避免法律的滞后性和适用性问题。这样，法律才能有效地指导和规范数据处理行为，维护个体的隐私权利。

法律的制定过程需纳入伦理考量，确保法律条款不仅具备法律效力，还能反映社会的道德价值观。伦理考量可以使法律在制定之初就具备更强的社会适应性和可接受性，增强法律的正当性和权威性。法律不仅是制约和规范的工具，更是传递和维护社会伦理价值的重要载体。通过将伦理原则纳入法律制定过程，可以提高法律的可执行性和社会认同感，确保法律不仅是强制性的规则，更是社会成员普遍接受的行为准则。

伦理审视能够促进法律的动态调整，确保法律与时俱进，适应不断变化的技术环境与社会需求。在快速变化的技术环境中，法律需要具备足够的灵活性，以应对新技术带来的挑战和机遇。通过伦理审视，可以及时发现法律与现实需求的偏差，并进行相应的调整和修订，确保法律始终保持其适用性和有效性。这样，法律才能在快速变化的社会环境中发挥其应有的作用，保护个人信息和维护社会秩序。

参考文献

[1] 罗力. 新兴信息技术背景下我国个人信息安全保护体系研究 [M]. 上海：上海社会科学院出版社，2020.

[2] 岳彩申，孙磊. 消费金融个人信息保护法律问题研究 [M]. 北京：中国民主法制出版社，2022.

[3] 丁宇翔. 个人信息保护纠纷理论释解与裁判实务 [M]. 北京：中国法制出版社，2021.

[4] 李媛著. 大数据时代个人信息保护研究 [M]. 武汉：华中科技大学出版社，2019.

[5] 熊壮. 个人信息安全与保护研究 [M]. 北京：中国书籍出版社，2024.

[6] 李彩容. 基于主动防御的个人信息安全保护研究 [M]. 武汉：湖北人民出版社，2020.

[7] 中国信息通信研究院互联网法律研究中心. 个人信息保护立法研究 [M]. 北京：中国法制出版社，2021.

[8] 李静. 大数据时代个人信息保护研究 [M]. 长春：吉林出版集团，2023.

[9] 陈丽霞. 生物识别信息法律保护问题研究 [M]. 长春：吉林人民出版社，2023.

[10] 杨合庆. 中华人民共和国个人信息保护法导读与释义 [M]. 北京：中国民主法制出版社，2022.

[11] 刘新宇. 数据保护 [M]. 北京：中国法制出版社，2020.

[12] 向宏. 隐私信息保护趣谈 [M]. 重庆：重庆大学出版社，2019.

[13] 麻新纯，徐辛酉，归吉官. 档案信息生态性保护理论与实现研究 [M]. 北京：北京理工大学出版社，2021.

[14] 王秀秀. 大数据背景下个人数据保护立法理论 服务业与服务贸易论丛 [M]. 杭州：浙江大学出版社，2018.

[15] 徐艺心. 信息隐私保护制度研究 困境与重建 [M]. 北京：中国传媒大学出版社，2019.